Exemplaire à Corrections

Ancient and modern Nubian. Edinb. Review. Jan. 1835. 4.

MATÉRIAUX

POUR

L'HISTOIRE DU CHRISTIANISME

EN ÉGYPTE, EN NUBIE ET EN ABYSSINIE,

CONTENUS

DANS TROIS MÉMOIRES ACADÉMIQUES

SUR

DES INSCRIPTIONS GRECQUES DES Ve ET VIe SIÈCLES.

PARIS.

IMPRIMERIE ROYALE.

M. DCCC. XXXII.

[Ce volume, dont il n'existe que cent exemplaires, n'a pas été mis en vente.]

EXEMPLAIRE

OFFERT PAR L'AUTEUR

À M.

AVANT-PROPOS.

Ce volume est formé de la réunion de trois Mémoires imprimés dans les tomes IX et X (1) du recueil de l'Académie des inscriptions et belles-lettres, et relatifs à l'histoire de l'établissement du christianisme en Égypte, en Nubie et en Abyssinie.

Dans le premier, à l'occasion d'une inscription grecque du VIe siècle déposée par un roi chrétien de Nubie dans le temple de l'ancienne Talmis, j'ai repris la question, jusqu'à présent si obscure, de l'introduction de la langue grecque et du christianisme en Nubie et en Abyssinie; j'ai tâché de lier à l'histoire connue plusieurs faits importans qui étoient restés isolés, et j'ai donné la solution de plusieurs difficultés dont on n'avoit pu jusqu'ici rendre compte. Ainsi, l'existence des deux inscriptions grecques découvertes à Adulis par le moine Cosmas, au VIe siècle; celle d'une autre inscription trouvée à Axum, dans la même contrée, par M. Salt; les traces de la langue grecque et de la religion chrétienne remarquées par les voyageurs entre Syène et Dongola; le caractère alexandrin et byzantin des débris d'architecture chrétienne qu'ils y ont rencontrés; tous ces faits curieux trouvent maintenant une explication complète, et ils auront désormais leur place marquée dans le champ de l'histoire.

Le second a pour base plusieurs inscriptions grecques,

(1) Le tome X n'a point encore paru.

païennes et chrétiennes, que M. Ch. Lenormant a copiées à Philes pendant le voyage qu'il a exécuté avec notre illustre ami Champollion le jeune. Ces inscriptions, combinées avec plusieurs autres déjà connues mais qu'on n'avoit pas expliquées, jettent un jour tout nouveau sur les derniers temps du paganisme et sur l'introduction du christianisme à l'extrémité de l'Égypte; elles servent à déterminer l'époque où le temple d'Isis et d'Osiris est devenu une église; et elles fournissent les moyens d'expliquer, pour la première fois d'une manière complète, l'origine et le vrai caractère de l'ère de Dioclétien ou des martyrs.

Dans le troisième, qui se lie avec les deux premiers, j'ai discuté un point curieux relatif à l'introduction de l'arianisme en Abyssinie, et aux rapports religieux, politiques ou commerciaux de l'empire d'Orient avec les peuples des bords de la mer Rouge et avec ceux de l'Inde, dans le cours du IVe siècle.

J'espère que les amateurs des sciences historiques, auxquels j'offre ce volume, voudront bien lui donner une place dans leur bibliothéque, à côté des autres ouvrages relatifs à la même époque : il se recommande à leur attention, au moins par les documens nouveaux qu'il contient, et, peut-être aussi, par les efforts de l'auteur pour faire servir la philologie aux progrès de l'histoire.

Paris, le 15 Janvier 1833.

LETRONNE.

PREMIER MÉMOIRE.

L'INSCRIPTION GRECQUE

DÉPOSÉE DANS LE TEMPLE DE TALMIS EN NUBIE

PAR LE ROI NUBIEN SILCO,

Considérée dans ses rapports avec l'introduction du Christianisme et la propagation de la Langue grecque parmi les peuples de la Nubie et de l'Abyssinie.

DE toutes les inscriptions grecques que l'habile architecte, M. Gau, a recueillies dans son important voyage en Nubie, la plus longue et la plus remarquable est sans contredit celle qu'un roi nubien, inconnu jusqu'ici, a fait graver dans un temple égyptien de l'ancienne *Talmis* (aujourd'hui *Khalapscheh*), pour conserver le souvenir de ses victoires contre les Blémyes.

Cette inscription, publiée pour la première fois sur la copie de M. Gau [a], et commentée par Niebuhr [b], est déjà célèbre parmi les savans, moins peut-être à cause de son utilité historique, qui avoit paru d'assez peu d'importance, que parce qu'étant écrite en grec, comme les fameuses

[a] *Antiq. de la Nubie, Inscript. pl. 1, n. 1.*

[b] *Inscriptiones Nubienses, Romæ, 1820.*

inscriptions d'Adulis (1) et celle que Salt a découverte dans la ville d'Axum, elle a paru se rattacher par ce caractère à ces monumens remarquables.

En l'examinant d'une manière attentive, j'y ai découvert des indications qui modifient beaucoup les idées qu'on s'étoit faites de ce monument, et les conséquences qu'on en avoit tirées. Une autre copie rapportée depuis, par M. Cailliaud, et qui, sans être aussi exacte que celle de M. Gau, contient cependant quelques bonnes variantes, m'a confirmé dans mon opinion; et, comme je vois que tous les résultats du travail de Niebuhr ont été adoptés sans restriction par les géographes et les littérateurs qui ont eu occasion de citer l'inscription de Silco (2), j'ai cru qu'il pouvoit être utile de faire connoître l'explication nouvelle à laquelle j'ai été conduit par une analyse plus complète des données que présente ce curieux monument.

Ce Mémoire se compose de deux parties : l'une, *critique,* où j'examine le texte en lui même; l'autre, *historique,* où j'applique les résultats de l'interprétation du texte aux diverses circonstances historiques et géographiques qui s'y rattachent.

(1) Je ne parle ici que de la *seconde partie* de l'inscription d'Adulis, qui est distincte de la *première,* comme l'a prouvé M. Salt (*Travels in Abyssin.* p. 192 et suiv. *Cf.* Silvestre de Sacy, dans les *Annales des voyages,* XII, 330-355; Niebuhr, dans le *Museum der Alterth. Wissensch.* II, 599-612). J'y reviendrai plus bas.

(2) Notamment M. Ritter (*Erdkunde,* &c. tom. I, pag. 602, 603, 2.e éd.); M. Schoell (*Hist. de la littér. grecque,* VI, 34); M. Toelken, dans les notes du *Voyage à l'Oasis d'Ammon,* du général Minutoli (Berlin, 1824), pag. 389.

PREMIÈRE PARTIE.

Examen critique de l'Inscription.

Je commencerai par reproduire le texte qui résulte de la copie de M. Gau, comparée à celle de M. Baillie, dont M. Niebuhr a donné les variantes; et je placerai en renvoi les variantes de M. Cailliaud.

ЄΓωϹΙΛΚωΒΑϹΙΛΙϹΚΟϹΝΟΥΒΑΔωΝΚΑΙΟΛωΝΤωΝ

ΑΙΘΙΟΠωΝΗΛΘΟΝЄΙϹΤΑΛΜΙΝΚΑΙΤΑΦΙΝΑΠΑΞΔΥΟЄΠΟ

ΛЄΜΗϹΑΜЄΤΑΤωΝΒΛЄΜΥωΝΚΑΙΟΘЄΟϹЄΔωΚЄΝΜΟΙΤΟ

(1)

ΝΙΚΗΜΑΜЄΤΑΤωΝΤΡΙωΝΑΠΑΞ·ЄΝΙΚΗϹΑΠΑΛΙΝΚΑΙЄΚΡΑ

ΤΗϹΑΤΑϹΠΟΛЄΙϹΑΥΤωΝЄΚΑΘЄϹΘΗΝΜЄΤΑΤωΝ

ΟΧΛωΝΜΟΥΤΟΜЄΝΠΡωΤΟΝΑΠΑΞ·ЄΝΙΚΗϹΑΑΥΤωΝ

οι

ΚΑΙΑΥΤΟΙΗΞΙωϹΑΝΜЄЄΠωΗϹΑЄΙΡΗΝΗΝΜЄΤΑΥΤωΝ

ΚΑΙωΜΟΣΑΝΜΟΙΤΑЄΙΔωΛΑΑΥΤωΝΚΑΙЄΠΙϹΤЄΥϹΑΤΟΝ

ΟΡΚΟΝΑΥΤωΝωϹΚΑΛΟΙЄΙϹΙΝΑΝΘΡωΠΟΙΑΝΑΧωΡΗΘΗΝ

ЄΙϹΤΑΑΝωΜЄΡΗΜΟΥΟΤЄЄΓЄΓΟΝЄΜΗΝΒΑϹΙΛΙϹΚΟϹ

(2) (3)

ΟΥΚΓΑΠΗΛΘΟΝΟΛωϹϹΟΠΙϹωΤωΝΑΛΛωΝΒΑϹΙΛЄωΝ

ΑΛΛΑΚΜΗΝЄΜΘΡΟϹΘЄΝΑΥΤωΝ

ιν (4)

ΟΙΓΑΡΦΙΛΟΝΙΚΟΥϹωΜЄΤЄΜΟΥΟΥΚΑΦωΑΥΤΟΥϹΚΑϹЄΖω..

Variantes de la copie de M. Cailliaud.

(1) ΠΙωΝ.
(2) ΟΥΚΙ.
(3) ϹϹΟΠΙϹω.
(4) ΚΑΘЄΖΟ··Ο.

NOIЄICXωPANAYTωNЄIMHKATHΞIωCANMC·K··· P·Λ·KAΛOYCIN (1)
ЄΓωΓAPЄICKATωMЄPHΛЄωNЄIMIKAIЄICANωMЄPHAPΞ (2) ЄIMI
ЄΠOΛЄMHCAMЄTATωNBΛЄMYωNAΠO (3) ΠPIMIЄωCTЄΛMЄωC
ЄNAΠAΞ (4)·KAIOIAΛΛOINOYBAΔωNANωTЄPωЄΠOPΘHCATAC
XωPACAYTωNЄΠЄIΔHЄΦIΛONЄIKH (5)··TYCINMЄTЄMOY
OIΔЄCΠOITωNAΛΛωNЄΘNωNOIΦIΛONЄIKOYCINMЄTЄMOY
OYKAΦωAYTOYCKAΘЄCΘHNAIЄICTHNCKIANЄIMHYΠOHΛIOY (6)··
··I (7) IKAIOYKЄΠωKANNHPONЄCωЄICTHNOIKIANAYTωNOITAP
···TIΞIKOI (8) MOYAPΠAZωTωNΓYNAIKωNKAITAΠAIΔIAYTωN (9)··

Variantes de la copie de M. Cailliaud.

(1) KAI ΠAPAKAΛOYCIN.
(2) AṖΞ.
(3) ΠPIM'.
(4) ЄNAΠAΞ.
(5) ΦIΛONIKII·ΦYCIN.
(6) YΠOHΛIOY.
(7) MC.
(8) AΠAKOI.
(9) AYTωNN.

M. Niebuhr a fixé l'époque de cette inscription au temps de Dioclétien et de Maximien, sous le règne desquels les Blémyes furent, dit-il, écrasés par les Nubiens. Il pense que cette guerre est celle dont il est question dans l'inscription de Silco : *hoc igitur tempus atque hoc bellum spectari, probabile est.* Ce savant critique a sans doute en vue le passage de Mamertin sur la guerre des Blémyes contre les Nubiens (1) : mais on doit observer que cet auteur en

Inscript. Nub. pag. 20, 21.

Panegyr. genethl. Maxim. XVII, 4.

(1) *Non istæ modò, aliæque gentes, viribus armisque terribiles, fiduciâ instructæ ad perniciem immanitatis utuntur, sed etiam Blemyes illi, ut*

parle très-vaguement, et ne dit rien de l'issue qu'elle a dû avoir à l'égard des Blémyes ; ce qui affoiblit beaucoup la conséquence qu'on a tirée de ce rapprochement. Dans tous les cas, les guerres entre les Nubiens et les Blémyes ont été si fréquentes, qu'une indication de ce genre ne peut suffire pour déterminer une époque.

D'un autre côté, à ne considérer que le style de l'inscription, il étoit difficile de ne la point juger plus moderne. Celle d'Axum, qui est du milieu du IVe siècle, contient plusieurs incorrections, et même quelques barbarismes (1) ; mais on n'y trouve pas, à beaucoup près, autant de fautes grossières que dans l'inscription de Silco. A la rigueur, ces fautes ne suffiroient pas pour caractériser une époque très-récente, puisqu'on trouve d'énormes solécismes dans d'autres inscriptions grecques de Nubie qui sont du temps de Caracalla; mais, comme il s'y joint des locutions qui appartiennent à la basse grécité et au grec moderne, on ne peut guère douter qu'elle ne soit postérieure à celle d'Axum, et conséquemment au règne de Constance.

Ce premier aperçu est confirmé par un fait que je crois hors de doute, c'est que Silco étoit chrétien.

Ce fait paroîtra en contradiction formelle avec deux passages où Silco, dans le texte restitué par M. Niebuhr, se fait appeler *le dieu Mars* ; ce qui semble d'autant plus naturel, que, dans les inscriptions d'Axum et d'Adulis,

audio, levibus modò adsueti sagittis, adversus Æthiopas quærunt arma, quæ non habent, et penè nudis odiis prælia internecina committunt.

(1) Comme ἀγάγουσιν, ἐξάσιν, ἀργύρεαιος, &c. pour ἄγουσιν, ἕξ, ἀργύρεος : On y trouve βοῖσιν, forme poétique (βόεσιν), pour βουσίν.

le roi d'Abyssinie prend le titre de *fils de Mars*. Aussi M. Ritter, dans sa *Description de l'Afrique*, a-t-il cité cette inscription comme se rapportant, ainsi que les deux autres, à l'époque où la Nubie et l'Abyssinie n'étoient point encore chrétiennes. Je vais donc commencer par prouver que l'original ne porte nulle part le nom de Mars.

Carl Ritter, die Erdkunde, &c. tom. I, p. 602, 2.e éd.

On a cru le trouver deux fois dans une même phrase où Silco (l. 12-14) dit: « Je ne leur permets pas (à mes » ennemis) de se reposer chez eux, à moins qu'ils ne » m'implorent et ne m'appellent *Mars;* car je suis un *lion* » pour des pays bas, et *Mars* pour des pays hauts : Εἰ μὴ » κατηξίωσάν με καὶ ἌΡΗΝ καλοῦσιν· ἐγὼ γὰρ εἰς κάτω » μέρη λέων εἰμὶ, καὶ εἰς ἄνω μέρη ἌΡΗΣ εἰμί. »

Dans le premier endroit (καὶ Ἄρην καλοῦσιν), le mot Ἄρην est une correction de M. Niebuhr. La copie de M. Gau, entre ΜЄ et ΚΑΛΟΥCIN, présente une lacune d'environ sept lettres, desquelles on n'aperçoit plus que Κ...Ρ..Α. Mais celle de M. Cailliaud donne distinctement ΚΑΙ ΠΑΡΑΚΑΛΟΥCIN, ce qui fait évanouir le nom du dieu *Mars*. Le sens est, « s'ils ne m'implorent et ne me » demandent pardon (1). »

L'autre membre de phrase, ἐγὼ γὰρ εἰς κάτω μέρη λέων εἰμὶ, καὶ εἰς ἄνω μέρη Ἄρης εἰμὶ, *je suis un* LION *pour des contrées basses, et* MARS *pour des contrées hautes,* renferme une sorte de *non-sens;* on ne conçoit pas cette opposition d'un *animal* et d'un *dieu :* il devroit y avoir dans les deux

(1) Ici παρακαλεῖν a le sens que définit S. Grégoire de Nysse : παρακαλεῖν διὰ τῶν τιμητικῶν ῥημάτων, ὑπὲρ ἄν τινος δεόμενοι τυχεῖν, εἰς συμπάθειαν αὐτὸν ἐπάγειν. Tom. II, pag. 486. Apud Suicer. *Thes. eccles.* t. II, col. 581, ed. 1682.

membres, soit le nom de deux *divinités*, soit le nom de deux *animaux*. M. Niebuhr l'a parfaitement senti, puisqu'il propose cette autre version, *car je suis un lion par le bas du corps et Mars par le haut* (1), c'est-à-dire, un *androsphinx*; mais il s'arrête au premier sens, qui lui paroît encore le moins invraisemblable (2). Ces deux conjectures reposent également sur une fausse leçon. Ni la copie de M. Gau, ni celle de M. Cailliaud, ne donnent APHC; on n'y trouve que les trois lettres APΞ; et, dans la dernière de ces copies, on voit un point sur le P; ce qui annonce que la lettre est douteuse. Les deux lettres A et Ξ sont certaines; et comme le Ξ n'a jamais pu être confondu avec un sigma de la forme du C, il est impossible de voir ici le mot APHC. L'accord des deux copies ne permet pas de lire autrement que AIΞ, une *chèvre*. La métaphore est alors bien liée, et la pensée paraphrasée revient à ceci : « J'attaque mes ennemis dans la plaine avec » l'impétuosité du *lion*, et je les poursuis dans les mon-» tagne avec la légèreté de la *chèvre* (3). »

Inscript. Nub. pag. 22.

Après avoir fait disparoître toute trace de paganisme dans l'inscription, je viens aux indices de christianisme qu'on n'y a point apperçus.

Silco dit (l. 3) : « J'ai fait la guerre avec les Blémyes » et *Dieu* m'a donné la victoire », καὶ ὁ Θεὸς ἔδωκέν μοι τὸ

(1) C'est même ce dernier sens que paroît préférer M. Ritter, *die Erdkunde*, &c. tom. I, p. 602. 2.e éd.

(2) C'est celui qu'adopte M. Toelken dans ses notes sur le Voyage du général Minutoli, pag. 339.

(3) On peut trouver que la *chèvre* n'étant point un animal féroce, ne devoit pas être opposée au *lion*; mais le rédacteur s'est arrêté à l'idée principale, celle de *légèreté* et de facilité à gravir les défilés des montagnes, où les ennemis pouvoient espérer d'échapper à Silco. Il ne faut pas chercher ici une rhétorique bien exacte.

νίκημα. Sans doute on trouve, dans le style philosophique des anciens, les mots ὁ θεὸς, τὸ θεῖον, employés ainsi absolument pour désigner la divinité en général : mais je ne pense pas qu'on s'en soit servi dans les monumens qui tiennent à la religion positive, ou au culte spécial de telle ou telle divinité, excepté dans le cas où, par ce qui précédoit ou ce qui suivoit, il étoit clair que ces mots se rapportoient à la divinité particulière du temple ; et, par exemple, dans les inscriptions païennes de l'Égypte, les mots ὁ θεὸς sont toujours accompagnés du nom de la divinité, Ἄμμων, Σάραπις, Ἑρμῆς, ou tout autre. Ὁ θεὸς, pris absolument et sans désignation quelconque, ne se rencontre que dans des monumens chrétiens.

Le second passage est beaucoup plus formel, surtout par son rapprochement avec le premier. Silco, après avoir dit que *Dieu* lui a donné la victoire, ajoute (l. 8) : « J'ai » fait la paix avec eux, et ils *m'ont juré par leurs idoles*. . » καὶ ὤμοσάν μοι τὰ εἴδωλα αὐτῶν. Il est de toute évidence que l'expression *leurs idoles* est d'un chrétien (1). Dans toute l'antiquité grecque, avant le christianisme, il n'y a que les Septante qui emploient le mot εἴδωλον dans le sens que les chrétiens donnent au mot *idole*, et c'est pour opposer les images des faux dieux à Jéhovah. En effet, une pareille acception d'εἴδωλον ne peut appartenir qu'à un Juif ou à un chrétien. Silco oppose évidemment aux idoles, objets de l'adoration vaine de ses ennemis, le Dieu souverain qui lui a donné la victoire.

Le fait, maintenant certain, que Silco avoit embrassé

(1) *Voyez* à ce sujet une note érudite de Gibbon, *Histoire de la décadence de l'empire romain*, t. IV, pag. 282, édit. de M. Guizot.

le christianisme, nous fournit le moyen d'assigner une époque au-delà de laquelle il est impossible de faire remonter la date de l'inscription ; et cette époque nous expliquera, je l'espère, le caractère que présente la grécité de ce monument. Nous allons d'abord tâcher de nous faire une idée juste de ce que le roi nubien a voulu dire ; ce qui n'est pas toujours très-facile : on sait qu'il n'y a rien de plus embarrassant que le style de ceux qui écrivent dans une langue qu'ils savent mal, parce qu'on n'est jamais sûr d'avoir saisi le vrai sens qu'ils ont prétendu donner aux mots, ni le vrai rapport qu'ils ont établi entre les diverses parties de la proposition. Le lecteur me pardonnera sans doute les détails un peu minutieux dans lesquels je vais entrer, s'il veut bien remarquer qu'ici l'analyse grammaticale est la base de la discussion historique.

L. 1. [Βασιλίσκος τῶν Νουβάδων] καὶ ὅλων τῶν Αἰθιόπων, pour καὶ τῶν συμπάντων, est du grec moderne ; les Grecs du Bas-Empire ont connu cette locution. *Schol. Aristoph. ad Plut. p. 454, ed. Schæf.*

L. 2. Le passage suivant est le plus difficile : ἦλθον εἰς Τάλμιν καὶ Τάφιν ΑΠΑΞ ΔΥΟ ἐπολέμησα μετὰ τῶν Βλεμύων, καὶ ὁ Θεὸς ἔδωκέν μοι τὸ νίκημα μετὰ τῶν ΤΡΙΩΝ ἅπαξ. Il est clair d'abord que δύο, *deux*, est pour δὶς, *deux fois*. Cet emploi du nombre adjectif pour l'adverbial, qui est grammaticalement fautif, pourroit se justifier par des exemples analogues tirés d'inscriptions d'un assez bon temps. Ainsi, dans une inscription de Patara en Lycie (1), on trouve πολιτευσάμενος δέκα ἐν ταῖς *Dans Walpole's Travels, II, 341.*

(1) Une autre inscription de Patara (*n.° VIII, pag. 545*) porte ΔΕΚΑΠ . . . ΕΥΣΑΝΤΑ. M. Walpole propose de lire ΔΕΚΑΠΟΛΙΤΕΥΣΑΝΤΑ : mais, comme la voix moyenne πολιτεύεσθαι est seule d'usage pour

κατὰ Λυκίαν πόλεσι (*ayant été dix fois décurion dans les villes de Lycie*), où δέκα est pour δεκάκις. Si je ne me trompe, il y a un autre exemple de l'emploi de δέκα pour l'adverbial δεκάκις dans cette inscription fruste du temps des Lagides, que M. Cailliaud a trouvée sur une colonne du petit temple situé dans le désert à l'est d'Elethyia, et dédié à la divinité égyptienne dont les Grecs ont traduit le nom par celui de Pan :

ΗΛΘΟΝΔ. ΚΑΕΓΩΠΡΟΣ ΣΕΠΑΝΟΠΙ ΟΝ Ι.
ΑΘΝΝΙΩΝΟΣ ΕΚΓΟΝΟΣ ΠΟΣΙΔΑΝ.

Je crois y reconnoître un hommage au dieu Pan, exprimé en deux vers iambiques trimètres, que je restitue ainsi :

Ἦλθον δέκα (1) ἐγὼ πρὸς σὲ, Πὰν, οἶμον ἀνύσας (2),
Ἀθηνίωνος ἔκγονος Ποσείδιος.

exprimer la fonction des magistrats municipaux, il faut lire ΔΕΚΑΠΡΩΤΕΥΣΑΝΤΑ en un seul mot, δεκαπρωτεύσαντα, verbe qui se trouve dans plusieurs inscriptions de Thyatire (Peyssonnel, pag. 245, 284, 292), de Tralles (Leake, *Journal of a tour in Asia minor*, pag. 339, 340) et d'autres villes : c'est le verbe formé du mot δεκάπρωτοι, magistrats des villes grecques (Pocock. *Inscr. ant.* 29, 7; Walpole, II, 548, &c.), que les Latins appeloient *decemprimi* (Noris *ad Cenotaph. Pisan.* pag. 49, 42). Il y avoit dans quelques villes des *quinqueprimi*, *sexprimi*, *quindecimprimi*, et même des *vigintiprimi* ; car je vois dans une inscription fruste de Phaselis (Beauford, dans les *Nouv. Annal. des voyages*, V, 56) les lettres ΕΙΚΟΣΑΠΡΩΤΕΥΣΑΝ, qui sont le commencement du mot εἰκοσαπρωτεύσαντα. Ces mots manquent aux lexiques.

(1) A moins qu'il n'y ait une faute dans la copie, et qu'on ne doive lire ἦλθον δὲ κἀγὼ, comme le conjecture M. Welcker (*Sylloge epigr. græcor.* n.° 198, Bonn. 1828).

(2) Je crois certaine cette restitution des lettres ΟΠΙΟΥΣ. La même expression se rencontre dans le troisième vers d'une inscription métrique de Dakké en Nubie (Gau, *pl.* XIII, 13) que voici, d'après la copie de M. Gau :

ΧΑΙΡΕΡΜΗΠΑΤΡΩΙΕΜΜΟΥΔΑΥΕ
ΤΗΝΑΧΙΛΛΗΙ
ΚΑΤΚΛΕΟΣ ΕΣΝΠΑΡΟΝΤΗ
ΡΑΣΑΝΕΡΧΟΜΕΝΩΙ
ΤΡΙΣΜΑΚΑΡΕΡΜΕΙΑΩΜΟΝ

Posidius (1), fils (2) d'Athénion, a fait dix fois la route, ô Pan, pour venir te rendre hommage.

Au premier abord, on peut hésiter à rapporter ἅπαξ δύο à ἦλθον : mais il ne me semble pas qu'il puisse y avoir de doute à cet égard ; ἅπαξ δύο ou ἅπαξ δὶς n'est autre chose que la locution alexandrine ou biblique ἅπαξ καὶ δὶς, en latin *semel atque iterum*, signifiant *deux fois*, altérée par la suppression de καὶ, dont le rédacteur s'est passé bien souvent, et par l'emploi de δύο pour δὶς. Cela doit donc s'entendre de deux expéditions que Silco a faites dans le pays des Blémyes. Il est parlé de la seconde plus bas.

Schleusn. Nov. Thes. Vet. Test. 1, 331 ; Lexic. Nov. Test. 1, 258, 159.

Lign. 16.

Le verbe ἐπολέμησα signifie, non *j'ai fait la guerre*, mais *je me suis battu*, *j'ai livré bataille*, signification très-ordinaire dans les écrivains du Bas-Empire. Πολεμεῖν μετὰ

Du Cange, Gloss. 1, 1193, D.

ΤΗΙ ΓΑΤΗΝ ΑΝΥΣΑΣ ΣΟ
ΑΥΤΕΟΜΑΙ ΤΡΙΣ ΣΩΝ ΤΕΡΜΣ
ΙΑΕΙΝ ΑΓΑ . ΟΝ

Χαῖρ' Ἑρμῆ πατρῷε [illegible] δ' ἀρετὴν Α[illegible]
Καὶ κλέος ἐς λιπαρὸν [illegible] ἐρχομένῳ·
[illegible] Ἑρμεία, [illegible] τὴν ἀνύσας
[illegible]
[illegible]

(1) Il est vraisemblable que les noms Ποσίδιος et Ἀθηνίων, qui ne peuvent, sans une synérèse assez dure, entrer dans un hexamètre ou un pentamètre, ont déterminé le choix du mètre iambique, au lieu de l'élégiaque qu'on employoit le plus souvent dans les inscriptions de ce genre. L'auteur d'une inscription copiée par Paul Lucas a adopté ce même pour y faire entrer le même nom propre (Ἀθηνίωνι γλυκυτάτῳ καὶ φιλτάτῳ, Jacobs *in Anth. Palat. App.* 231.) La même raison a dû souvent déterminer le choix du mètre. (*Cf.* Jacobs *in Anthol. græc.* t. XII, 271, 286.) Si, par exemple, Arcésilas dans son épigramme sur Ménodore (apud Laërt. IV, 31) a fait alterner un iambique et un hexamètre, c'est sans doute parce que le nom Μηνόδωρος ne pouvoit entrer dans le mètre élégiaque. Ainsi Damostratia termine par un vers iambique (Δαμοστρατίας ταῦτα τῆς φιλανδρίας) l'inscription funéraire de son mari en vers hexamètres, dans lesquels le mot Δαμοστρατία ne pouvoit entrer (Jacobs, *Adesp.* 724 ; *Anth. Palat. App.* 313).

(2) Je traduis ἔκγονος par *fils* et non par *petit-fils*. On peut voir à ce sujet d'Orville, *ad Chariton.* p. 327, Lips., et dans les *Observ. miscell.* tom. VII, pag. 97.

Βλεμύων ; pour ἐπὶ ou πρὸς Βλέμυας, est du style des Septante : ἐπολέμησα μετὰ Ἰσραήλ. On remarquera que deux fois le nom des *Blémyes* est écrit par un seul M.

Judic. XI, 5, 20.

Cf. *Arntzein, ad Panegyricos veteres, p. 163; Tzchucke ad Mel. I, 4, 4.*

Vient ensuite la phrase ὁ Θεὸς ἔδωκέν μοι τὸ νίκημα μετὰ τῶν τρίων ἅπαξ. Ces quatre derniers mots sont difficiles; le mot ΤΡΙΩΝ se lit distinctement dans les copies de MM. Gau et Baillie, et les lettres ΠΙΩΝ, que donne la copie de M. Cailliaud, reviennent à cette leçon. M. Niebuhr a présumé qu'ici devoit se trouver un mot signifiant *ennemi;* mais, outre que ce mot ne conviendroit nullement avec ἔδωκέν μοι τὸ νίκημα, on n'en peut trouver les élémens dans ces cinq lettres : il n'y faut rien changer, je crois, et l'on peut entendre, *Dieu m'a donné la victoire une fois en outre des trois*, c'est-à-dire, *quatre fois.* Le sens est donc : « Étant venu deux fois jusqu'à Talmis et Taphis, » je me suis battu avec les Blémyes, et Dieu m'a donné » la victoire quatre fois. » Μετὰ, avec le génitif, a souvent la signification de *en outre*, dans le grec de ce temps. Ainsi, dans S. Jean Chrysostome, ἔστι δέ τι μετὰ τῶν εἰρημένων χαλεπώτερον[a]; ailleurs, ἔστι δὲ καὶ ἑτέραν αἰτίαν εἰπεῖν μετὰ τῶν εἰρημένων[b]. Le mot τὸ νίκημα, pour νίκη, est du style hellénistique : ainsi Plutarque, παρέδωκε τὸ νίκημα τοῖς πολεμίοις[c]; l'auteur du Tableau de Cébès, dont le style est aussi récent que la doctrine, ὡς καλὸν τὸ νίκημα λέγεις[d]. Nous trouvons dans Esdras, αὐτῷ δοθήσεται τὸ νίκημα[e]; dans Diodore de Sicile, οἱ δ' Ἀθηναῖοι ταῖς ἰδίαις ἀνδραγαθίαις τὸ νίκημα περιπεποιημένοι[f], et τὸ νίκημα ἐπέδωκεν Ἡρακλεῖ[g], enfin τῆς δὲ τὸ νίκημα περιθείσης Ἀδράστῳ[h]; mais le mot νίκημα n'a peut-être, dans ces deux derniers exemples, que le sens de *prix de la victoire.*

[a] *Comment. in Nov. Testam.* I, 27, E, *ed.* 1636.
[b] *Ibid.* 613, A.
[c] *Plut. in Marcell.* §. 25.
[d] *Pag.* 47, *edit. Gron.*
[e] *Esdras*, III, 9.
[f] *Diod. Sic.* XI, 74.
[g] *Id.* IV, 33.
[h] *Id.* IV, 65.

L. 4. Ἐκράτησα τὰς πόλεις, pour τῶν πόλεων, est du style de la Bible, dans lequel κρατεῖν τι signifie *s'emparer de*, *mettre la main sur*, *avoir l'empire sur*[a]. On trouve aussi quelquefois dans les Attiques ce verbe avec l'accusatif dans le sens de *vaincre*[b]; en grec moderne, il a toujours son complément à l'accusatif.

L. 5. Ἐκαθέσθην μετὰ τῶν ὄχλων μου. Ce membre de phrase n'est pas clair (1); je pense qu'il se rapporte aux villes dont le nom précède, et équivaut à ἐκαθέσθην ἐπὶ ταύταις ταῖς πόλεσι (ou bien, pour parler comme le rédacteur de l'inscription, εἰς ταύτας τὰς πόλεις) μετὰ τῶν ὄχλων μου. Il signifie donc, « Je me suis établi [dans » ces villes] avec mes troupes. » Dans le style hellénistique, le verbe καθίζειν, ou καθίζεσθαι, a souvent le sens de *demeurer*, *s'établir*, *aller habiter* dans un lieu[c]; nous lisons à la fin de la deuxième inscription d'Adulis, ἐπὶ τούτῳ τῷ τόπῳ καθίσας, *m'étant établi dans ce lieu*. Aux lignes 12 et 19 de notre inscription, on lit καθεσθῆναι εἰς χώραν et εἰς σκιὰν dans le même sens; locution poétique qui a passé de bonne heure dans la prose: ainsi, καθίσας εἰς τὸν θρόνον de Diogène de Laërte et de Plutarque[d]; εἰς τὸ ἱερὸν καθεζόμενος de Démosthène[e]; εἰς τὸ πρόσθεν τῶν ὅπλων ἐκαθέζοντο de Xénophon[f]; συγκαθεζόμενοι εἰς τὸ στάδιον de S. Basile[g]. On trouve plus tard, ἅγιοι γέροντες καθεζόμενοι εἰς τὸ κλύσμα[h]. L'emploi du pronom μοῦ, avec un verbe à la première personne, comme plus bas (l. 10), est encore hellénistique, καθελῶ μου τὰς ἀποθήκας[i]; et a passé dans le grec moderne. Je rapporte à ἐκαθέσθην les mots τὸ μὲν πρῶτον ἅπαξ. Le τὸ μὲν πρῶτον me paroît

(1) *Liquidò non assequor.* Niebuhr, *pag.* 22.

[a] *Schleusn. Lex. Nov. Testam.* 1, 1316.

[b] *Matthiä ausführl. gr. Gram.* §. 360.

[c] *Schleusn. Nov. Thes. Vet. Test.* III, 143. *Lexic. Nov. Test.* 1, II, 43.

[d] *Diog. Laërt.* 1, 57. *Plutarch. Politic. p.* 44, *edit. Coray.*

[e] *Contr. Androt. pag.* 583, 13, *Reisk.*

[f] *Anab.* 1, 3, 12.

[g] *Basil. in Hexaem. hom.* VI, *p.* 49, *E.*

[h] *In Biblioth. Coislinian. pag.* 399.

[i] *Luc.* XII, 18.

s'entendre de la première des deux expéditions dans la Nubie inférieure, et Silco veut dire qu'il s'étoit établi dans le pays des Blémyes lors de sa première expédition. Il me paroît difficile que ἅπαξ signifie *une fois* après τὸ πρῶτον : je suppose que cet adverbe a le sens qu'il a souvent, dans le style hellénistique, de διόλου, ὁλοσχερῶς. D'après cette hypothèse, je traduis : « et, lors de ma première expédi- » tion, je m'y suis complétement établi. »

Schleusn. Lexic. Nov. Test. I, 259.

L. 6 et 7. Ἐνίκησα αὐτῶν faute, pour αὐτούς. Ἠξίωσάν με, *ils m'ont imploré*, ou *prié de leur faire grâce*, appartient au style hellénistique : dans les Septante, ἀξιόω signifie souvent *implorare*, *deprecari*.

Id. Nov. Thes. Vet. Testam. I, 317. Cf. Coray ad Plut. Politic. pag. 145.

L. 7 et 8. On reconnoît encore le grec moderne dans les locutions ἐποίησα τὴν εἰρήνην pour ἐποιησάμην· ἐπίστευσα τὸν ὅρκον, pour τῷ ὅρκῳ ou εἰς τὸν ὅρκον : καλοὶ ἄνθρωποι, *de braves gens*, pour χρηστοὶ, σπουδαῖοι, καλοὶ κἀγαθοί : enfin τὰ μέρη μου, *mon pays*, pour ἡ χώρα, locution qui appartient aussi à la grécité du Bas-Empire, et dont on trouve l'origine dans le grec de la Bible.

L. 9. Ἀναχωρήθην, pour ἀνεχώρησα, est un double barbarisme : dans une autre inscription chrétienne, copiée près d'Ibsamboul en Nubie[a], on trouve un barbarisme du même genre. . . . ЄKOIMIΘHCЄN pour ἐκοιμήθη. Une faute analogue se retrouve dans ἐγεγονέμην de la ligne suivante. De deux choses l'une, ou le rédacteur a mis une terminaison passive ἐγεγονέμην (ou ἐγεγονήμην) au plus-que-parfait moyen ἐγεγόνειν, ou bien il a donné la forme passive au verbe γεγωνεῖν ou γεγώνειν, dont le sens propre est *altâ et clarâ voce clamare*[b], et qui signifie aussi *dire*, *déclarer à haute voix*, *proclamer*[c] : de là le rédacteur a pris

a Vidua, Inscriptiones antiquæ, tab. XIX, n.° 2.

b Hering. Observat. p. 64, 65. D'Orvill. Critic. Vann. pag. 150. Bergler ad Alciphron. III, 48. Reiz ad Lucian. Gall. §. 1. Reimar. ad Dion. Cass. p. 817, 45. Boissonade, ad Philostr. Heroïc. pag. 378, &c.

c Monk ad Euripid. Hippol. p. 583.

le passif γεγωνεῖσθαι ou γεγώνεσθαι, *être proclamé*, et ἐγεγωνέμην, imparfait (pour ἐγεγωνεόμην ou ἐγεγωνόμην) (1); en sorte que ὅτε ἐγεγωνέμην βασιλίσκος signifieroit, *depuis que* (2) *j'ai été proclamé* βασιλίσκος, ce qui se lie naturellement avec la suite, οὐκ ἀπῆλθον ὅλως ἐσοπίσω τῶν ἄλλων βασιλέων, *je n'ai marché nullement à la suite des autres rois*. Le sens est le même à peu près dans les deux cas; mais la première des deux suppositions est la plus vraisemblable.

Ces fautes nous conduisent à une explication assez naturelle du mot βασιλίσκος, *regulus*. On s'est étonné avec raison de ce que Silco, qui, dans cette phrase, se met *avant tous les rois*, se contentât cependant du titre de βασιλίσκος. Je ne suis pas satisfait des raisons qu'on a données de cette singularité. Silco, qui *se met avant tous les rois*, n'a certainement pas eu l'intention de rabaisser l'idée de sa puissance, en se donnant le titre de βασιλίσκος [roitelet] τῶν Νουβάδων καὶ ὅλων τῶν Αἰθιόπων : à coup sûr, il a voulu et cru se donner un titre pompeux. Je ne puis donc voir ici qu'une erreur de langage. Le rédacteur se sera imaginé que le mot βασιλίσκος, étant plus long, disoit plus que βασιλεὺς, et étoit plus propre à rendre l'expression nubienne qui, probablement augmentative, signifioit *grand roi*, *roi puissant*, selon l'usage du protocole pompeux de tous ces princes barbares. Ce rédacteur aura pris tout simplement un diminutif pour un augmentatif.

(1) Dans les manuscrits on trouve aussi quelquefois l'*omega* des dérivés de γεγωνεῖν changé en *omicron*.

(2) Hesych. Ὅτε, ἐπειδή. Comme ἐπειδή signifie également *puisque* et *depuis que*, on pourroit aussi traduire *puisque j'ai été*..... Il est difficile de rien affirmer sur le sens de phrases si mal écrites.

L. 11. Οὐκὶ ἀπῆλθον κ. τ. λ. On remarquera οὐκὶ, et non οὐχί : les deux copies s'accordent sur ce point. Cette orthographe provient sans doute de ce que les Nubiens, prononçant mal le X, l'ont confondu avec le K, à moins qu'on n'aime mieux voir encore ici une de ces formes poétiques qui s'étoient conservées dans la langue vulgaire; de même que la forme ἐσοπίσω (l. 11), qui se tire évidemment des deux copies, au lieu de εἰς τοὐπίσω ou εἰς τὰ ὀπίσω (1), ou bien ὀπίσω qu'on employoit en prose. Au reste, la locution οὐκὶ ἀπῆλθον ὅλως ἐσοπίσω τῶν ἄλλων βασιλέων, *je n'ai marché nullement à la suite des autres rois*, est encore empruntée du Nouveau Testament, où se rencontre souvent l'expression ἔρχεσθαι, πορεύεσθαι ὀπίσω ou εἰς τὰ ὀπίσω τινός, avec un sens analogue, et que Vorst croyoit un hébraïsme (2). Ici ἀπῆλθον paroît être pris dans le même sens que le simple ἦλθον : c'est peut-être une imitation maladroite de ces phrases de S. Jean, ἀπῆλθον εἰς τὰ ὀπίσω et ὁ κόσμος ὀπίσω αὐτοῦ ἀπῆλθον, où le verbe ἀπῆλθον a du moins le sens qu'il doit avoir.

Joann. XVIII, 6.
Id. XII, 19.

Il paroît que l'orgueil de Silco n'a pas été satisfait de la phrase, *je n'ai marché nullement à la suite des autres rois*; il a fait ajouter après coup, dans l'interligne, une autre phrase qui lui a paru propre à rehausser l'idée de sa puissance, *mais bien plus (j'ai marché) devant eux*, ou *ce sont eux qui ont été à ma suite*, ἀλλ' ἀκμὴν ἔμπερσθεν

(1) Rhian. *epigr. 8*, καὶ εἰς ὀπίσω Πολύαινον. Peut-être εἰσοπίσω comme εἰσάπαξ.

(2) Vitringa n'a réussi qu'imparfaitement à prouver que cette locution n'est point étrangère aux Attiques (*Specim. animadv. ad Vorst. de Hebraism. N. Test. comment. ad calcem* Lamb. Bos. *Observ. miscell.* pag. 247.

αὐτῶν (1). Le mot ἀκμὴν (pour κατ' ἀκμὴν) a ici le sens de ἔτι, que lui donnent Suidas, Thomas Magister, Hésychius (ἀκμὴν, ἔτι), sens que ce mot a conservé dans l'idiome moderne, sous la forme de ἀκόμη, qui est la prononciation adoucie de ἀκμή. Une glose, dans du Cange, porte Ἀκόμι, ἀκομή. Il faut, je crois, lire Ἀκόμη, ἀκμή: ce dernier mot doit être mis là pour indiquer la signification du premier. Ce sens de ἀκμὴν, qui appartient surtout au style hellénistique (2), ne paroît pas avoir été inconnu aux auteurs attiques. La pensée de Silco est donc : « . . . Non-seulement je n'ai pas marché à la suite » des autres rois, mais *encore* j'ai marché devant eux (3). »

Glossar. græc. col. 41.

L. 12. La phrase suivante, οἱ γὰρ φιλονεικοῦσιν . . . οὐκ ἀφῶ αὐτούς . . . ., contient un nominatif absolu, dont il y a des exemples dans les écrits de ce temps. On diroit également bien en latin, *eos qui contendunt mecum, non sino . . . .*, et *qui contendunt mecum, eos non sino.* Mais plus bas, καὶ οἱ ἄλλοι Νουβάδων ἀνωτέρω ἐπόρθησα τὰς πόλεις αὐτῶν, et οἱ ἀπήκοοί μου ἁρπάζω . . . τὰ παιδία αὐτῶν, sont des locutions très-vicieuses. C'est peut-être un idiotisme de la langue que parloit Silco. Après οὐκ ἀφῶ αὐτούς,

Thom. Magister et Mœris, voc. Ἀκμήν: cf. Pauw ad Phrynich. pag. 48. Fischer, ad Mœr. pag. 7. Alberti, Observ. N. T. p. 106, et surtout Coray, ad Isocrat. p. 3 et 312.

(1) M. Cailliaud n'a point aperçu cette addition écrite en plus petits caractères.

(2) Je le retrouve dans le second vers de cette inscription du Musée de Vérone (Maff. *Mus. Ver.* p. 375; Jacobs, *Adesp.* 695[b]; *Anth. Pal. Append.* n.° 189) :

Ζήσας ὡς δεῖ ζῆν, ἀγαθὸς δ' ἐν ἅπασι νομισθεὶς,
Ἤδ' ἀκμὴν νέος ὢν ᾤχετ' ἐς ἡμιθέους·

c'est-à-dire : « Ayant vécu comme il » faut vivre, jugé bon aux yeux de » tous, et *encore* jeune, il est allé » dans le séjour des demi-dieux. » Ἀκμὴν ayant aussi le sens de *valdè, admodùm* (Schleusn. *Lex. N. T.* I, 100), on pourroit traduire, *et dans sa première jeunesse*; mais, d'après le premier vers, l'autre sens est préférable.

M. Niebuhr a lu ΚΑΘЄϹΘΗΝΑΙ : mais les deux copies portent distinctement ΚΑΘЄΖΟ. . . ΝΟΙ, dont il paroît impossible de faire autre chose que καθεζόμενοι, faute grossière ; au moins falloit-il καθεζομένους : mais le rédacteur n'y regardoit pas de si près. Observons de plus la forme poétique ἀφῶ (qui se retrouve encore l. 19), aoriste du subjonctif employé pour le présent ἀφίημι, ou peut-être pour le futur ἀφήσω, usage qui se retrouve dans la grécité du Bas-Empire [a].

On remarquera aussi, comme un exemple de confusion des temps, le présent παρακαλοῦσιν après l'aoriste κατηξίωσαν : c'est ce qu'on trouve encore dans des écrivains du Bas-Empire, qui savoient cependant le grec un peu mieux que notre Nubien [b].

L. 15. Ἐπολέμησα μετὰ τῶν Βλεμύων ἀπὸ Πρίμεως κ. τ. λ. Il s'agit ici de la seconde expédition contre les Blémyes. Je crois qu'il y a une abréviation dans ΠΡΙΜ', comme porte la copie de M. Cailliaud, et qu'il ne faut pas lire ΠΡΙΜΙ, ainsi que l'a fait M. Niebuhr, mais Πρίμεως. La leçon Τέλμεως prouve qu'on disoit indifféremment Τέλμις et Τάλμις. Après Τέλμεως, les deux copies donnent ΕΝΑΠΑΞ. M. Cailliaud a mis un point de doute sur le N; je suppose qu'il y a dans l'original ЄΤΙ ΑΠΑΞ, *encore une fois*. Le sens est alors tel qu'il doit être, *j'ai combattu encore une fois contre les Blémyes, depuis Primis jusqu'à Talmis.*

L. 17. *Et j'ai ravagé le pays des autres peuples qui habitent au-dessus des Nubiens*, c'est-à-dire, *au midi*. Il s'agit sans doute des peuples de la haute Nubie vers le Sennaar et le Fazoql, avec lesquels Silco a fait la guerre ; il en donne la raison : *parce qu'ils ont voulu se mesurer avec moi.*

[a] *Hase, ad Leon. Diacon. p. XII, et Ind. rer. pag. 291, voc.* Conjunctivus.

[b] *Timarion, dans les Notices des Manuscr. t. IX, pag. 171.*

M. Niebuhr a lu ἐφιλονεικήθησαν : mais les deux leçons combinées ne permettent de lire que ἐφιλονικήσουσιν, autre barbarisme; le rédacteur a mis l'augment au futur φιλονεικήσουσιν, pour lui donner le sens du passé. Ainsi, dans l'inscription d'Axum, on lit ἀγάγουσιν pour ἄγουσιν (l. 22).

A l'avant-dernière ligne, après οὐκ ἀφῶ αὐτοὺς καθεσθῆναι εἰς τὴν σκιάν, *je ne les laisse pas reposer à l'ombre*, on lit ЄΙΜΗΥΠΟΗΛΙΟΥ. M. Niebuhr supplée φλογί : mais il est lui-même peu content de cette restitution. En rapprochant la phrase de celle qui est plus haut, οὐκ ἀφῶ αὐτοὺς καθεζομένους εἰς χώραν αὐτῶν εἰ μὴ . . . παρακαλοῦσιν με, on voit que c'est un verbe qui manque après εἰ μή. La ligne suivante commence par MC dans la copie de M. Cailliaud; par une lacune suivie d'un I, dans celle de M. Gau : de ces deux lettres on tire MOI, régime du verbe présumé. J'observe qu'au dessus de l'*iota* dans ΥΠΟΗΛΙΟΥ, M. Cailliaud a marqué un Λ, lettre oubliée par le graveur : ce doit être un N, et je lis ΥΠΟΚΛΙΝΟΥ[CIN], εἰ μὴ ὑποκλίνουσίν μοι, *s'ils ne se soumettent à moi*, comme plus haut, εἰ μὴ παρακαλοῦσίν με.

L. 20. On voit immédiatement après, ΚΑΙΟΥΚЄΠꙌΚΑΝΝΗΡΟΝЄϹꙌЄΙϹ ΤΗΝ ΟΙΚΙΑΝ ΑΥΤꙌΝ. Les lettres ΚΑΙΟΥΚЄΠꙌΚΑΝΝΗΡΟΝ se trouvent, sans aucune variante, dans les trois copies, et il n'est pas possible d'y rien changer. M. Niebuhr pense que personne ne pourra comprendre ces mots : *quod nemo, ut equidem arbitror, expediet, quanquam perspicuum est in* ЄΠꙌ *personam primam præsentis, in reliquis accusativum substantivi delitescere*. Ce qui a trompé cet habile critique, c'est qu'il a voulu faire un mot de ЄΠꙌ. On n'a qu'à y joindre les trois lettres KAN, pour avoir le mot ἔπωκαν, et ce passage se lira tout naturellement, sans altérer une seule lettre, καὶ οὐκ ἔπωκαν νηρόν, *et non biberunt aquam.* Ἔπωκαν est une faute, au lieu de ἔπωσαν, ou de πεπώκασιν, à moins qu'on n'y voie l'aoriste de l'inusité πῶμι. Quant au mot νηρόν, *aquam,* il appartient à la grécité du Bas-Empire et au grec moderne. C'est l'ancien adjectif poétique νηρός, doriquement ναρός, qui désigne tout ce qui est *humide :* de là le nom de *Nérée* et des *Néréides.* Cet ancien adjectif, conservé dans l'idiome populaire, est devenu chez les écrivains du Bas-Empire un substantif synonyme de ὕδωρ. Constantin Porphyrogénète l'emploie comme un terme usuel; plus anciennement, les auteurs du grand Étymologique le donnent pour un mot de la langue vulgaire. Un fragment de lexique grec-latin du VI ou VII.[e] siècle, trouvé en Égypte, et faisant partie du Musée royal égyptien, porte *aqua, neron.* Il faut observer toutefois que les Byzantins, de même que les Grecs modernes, écrivent νερόν par ε; et remarquons, en passant, que ce changement de l'H en E, qui a eu lieu dans plusieurs autres mots, tels que βωλερόν pour βωληρόν, ξερόν pour ξηρόν, νοσερόν pour νοσηρόν, &c., ne peut provenir que de ce que l'H, dans ces mots, avoit le son de l'E, et non pas de l'I. La forme νηρόν se trouve dans un traité de l'art vétérinaire, καὶ ποτιζόμενος τὸ νίτρον σὺν τῷ νηρῷ : c'est la plus ancienne, et les monumens où elle se rencontre sont nécessairement antérieurs à la rédaction de l'*Etymologicum magnum.* Après οὐκ ἔπωκαν on lit ἔσω εἰς τὴν οἰκίαν pour ἔσω τῆς οἰκίας. Cette locution est tirée du grec de l'Évangile de S. Marc, ἠκολούθησεν αὐτῷ ἔσω εἰς τὴν αὐλήν, avec cette différence que ἀκολουθεῖν est du moins un verbe de

Cang. Lex. med. et inf. græc. h. v. Cf. Villoison, Mém. Ac. inscr. t. XXXVIII, Hist. pag. 63. Etymol. magn. p. 597, l. 43.

Salmas. ad Hist. Aug. pag. 140, A.

Ap. Salmas. Exercit. Plin. p. 916, col. 1, D.

XIV, 53.

mouvement. On trouve de même dans Palladius, Δημήτριον (ἀπεστάλησαν) ἔσω εἰς Ὄασιν[a]; dans Eustathe, εἰς τὴν γῆν ἔσω ἐρεύγεσθαι[b]. Cosmas emploie une locution analogue, ἀνθρώπων πληθυνθέντων ἔσω ἐν τῇ ἀνατολῇ[c]: ailleurs, ἕως Γαδείρων ἔξω εἰς τὸν Ὠκεανόν[d]: elle est déjà dans Arrien, ἔξω ἐς τὸν Πόντον[e].

Ἔπωκαν, comme κατηξίωσαν, doit avoir la signification du présent. Le sens du passage est donc : « A moins que » mes ennemis ne se soumettent à moi, je ne les laisse pas » se reposer à l'ombre, et ils ne peuvent se désaltérer avec » de l'eau dans leurs maisons. » Si je ne me trompe, ce sont encore les livres saints qui ont fourni cette idée. A chaque instant, elle se présente aux écrivains sacrés, et dans des circonstances analogues. Ainsi le roi d'Assyrie dit aux Juifs : *Facite mecum quod vobis est utile, et egredimini ad me; et comedet unusquisque de vinea sua et de ficu sua, et bibetis aquas de cisternis vestris*[f]; dans le livre des Proverbes, *Bibe aquam de cisterna tua*[g]; ailleurs, *Si sitierit* (inimicus tuus), *da ei aquam bibere;* dans Jérémie, *Aquam nostram pecuniâ bibimus*[h]; dans Ézéchiel, *Aquam suam in desolatione bibent*[i].

Le premier mot de la dernière ligne est incertain; dans la copie de M. Gau, on ne distingue que les lettres IKOI, précédées d'un Π; M. Niebuhr lit ΦΙΛΟΝЄΙΚΟΙ, mot très-bon pour le sens, mais trop long pour la place. La copie de M. Cailliaud donne ΑΠΑΚΟΙ; il pourroit bien y avoir eu ἀπήκοοι : il est possible que le second O ait été placé par oubli dans l'interligne, et n'ait pas été vu par les voyageurs. Le mot ἀπήκοοι est dans Hésychius, qui l'interprète par μὴ ὑπήκοοι. Les mots ἀπήκοοί μου signifieroient

[a] *Dialog. de vit. S. J. Chrysost. in Chrysost. Opp. t. XIII, p. 77, A.*

[b] *Ad Dionys. Perieg. v, 41.*

[c] *Cosm. Indicopl. in Collect. nov. Patr. II, 160, A.*

[d] *Id. p. 138, C, 340, E.*

[e] *Indic.* XLIII, 11.

[f] *4 Reg.* XVIII, 31.

[g] *Prov.* V, 15; XXV, 21.

[h] *Thren.* V, 4.

[i] *Ezech.* XII, 19.

Tom. I, 449.

ceux qui se révoltent contre moi, ou qui ne veulent point se soumettre à moi. Ἁρπάζω τῶν γυναικῶν καὶ τὰ παιδία αὐτῶν. M. Niebuhr entend, *je leur enlève les enfans de leurs femmes.* Cette idée ne me paroît pas naturelle : le καὶ me fait croire que τῶν γυναικῶν est une faute pour τὰς γυναῖκας, et je traduis, *je leur enlève leurs femmes et leurs enfans;* comme dans la seconde inscription d'Adulis, ἐπελεξάμην ἐμαυτῷ τούς τε νέους αὐτῶν καὶ γυναῖκας, καὶ παῖδας, καὶ παρθένους, καὶ πᾶσαν τὴν ὑπάρχουσαν αὐτοῖς κτῆσιν. Ce mélange de cas existe dans des inscriptions de Gartas en Nubie qui sont du temps d'Antonin Caracalla. Ainsi τὸ προσκύνημα...καὶ τῇ συμβίῳ καὶ τῶν τέκνων [a], et vingt autres exemples de ce genre de fautes [b]. Au reste, l'inscription ne se terminoit pas là. La copie de M. Cailliaud indique des lettres après αὐτῶν.

[a] *Gau, Inscript. de la Nubie, Gartas, n.° 48.*

[b] *Niebuhr, dans Gau, Antiq. de la Nubie, pag. 18.*

Je vais donc, d'après les observations précédentes, donner le texte de l'inscription telle qu'elle a dû exister dans l'original, et une traduction littérale aussi exacte qu'il m'est possible de la faire, eu égard à l'incertitude que la barbarie du langage répand sur le sens de plusieurs phrases.

Ἐγὼ Σιλκὼ, βασιλίσκος Νουβάδων καὶ ὅλων τῶν Αἰθιόπων, ἦλθον εἰς Τάλμιν καὶ Τάφιν ἅπαξ δύο· ἐπολέμησα μετὰ τῶν Βλεμύων, καὶ ὁ Θεὸς ἔδωκέν μοι τὸ νίκημα μετὰ τῶν τριῶν ἅπαξ· ἐνίκησα πάλιν καὶ ἐκράτησα τὰς πόλεις αὐτῶν· ἐκαθέσθην μετὰ τῶν ὄχλων μου τὸ μὲν πρῶτον, ἅπαξ· ἐνίκησα αὐτῶν καὶ αὐτοὶ ἠξίωσάν με· ἐποίησα εἰρήνην μετ' αὐτῶν, καὶ ὤμοσάν μοι τὰ εἴδωλα αὐτῶν, καὶ ἐπίστευσα τὸν ὅρκον αὐτῶν, ὡς καλοί εἰσιν ἄνθρωποι· ἀναχωρήθην εἰς τὰ ἄνω μέρη μου. Ὅτε ἐγεγονέμην βασιλίσκος, οὐκὶ ἀπῆλθον ὅλως ὀπίσω τῶν ἄλλων βασιλέων, ἀλλ' ἀκμὴν ἔμπροσθεν αὐτῶν· οἱ γὰρ φιλονεικοῦσιν μετ' ἐμοῦ, οὐκ ἀφῶ αὐτοὺς καθεζόμενοι εἰς χώραν αὐτῶν, εἰ μὴ κατηξίωσάν με καὶ παρακαλοῦσιν· ἐγὼ γὰρ εἰς κάτω μέρη λέων εἰμί, καὶ εἰς ἄνω μέρη αἶξ εἰμι.

Ἐπολέμησα μετὰ τῶν Βλεμύων ἀπὸ Πρίμεως ἕως Τέλμεως ἓν ἅπαξ. Καὶ οἱ ἄλλοι, Νουβάδων ἀνώτερω, ἐπόρθησα τὰς χώρας αὐτῶν, ἐπειδὴ ἐφιλονεικήσουσιν μετ' ἐμοῦ.

Οἱ δεσπόται τῶν ἄλλων ἐθνῶν, οἱ φιλονεικοῦσιν μετ' ἐμοῦ, οὐκ ἀφῶ αὐτοὺς καθεσθῆναι εἰς τὴν σκιάν, εἰ μὴ ὑποκλίνου[σίν μοι], καὶ οὐκ ἔπωκαν νηρὸν ἔσω εἰς τὴν οἰκίαν αὐτῶν· οἱ γὰρ ἀντίδικοί μου ἁρπάζω τῶν γυναικῶν καὶ τὰ παιδία αὐτῶν . . .

Moi Silco, roi puissant des Nobades et de tous les Éthiopiens, je suis venu deux fois jusqu'à Talmis et à Taphis ; j'ai combattu contre les Blémyes, et Dieu m'a donné la victoire une fois avec trois autres. J'ai vaincu de nouveau [les Blémyes], et je me suis complétement établi la première fois avec mes troupes.

Je les ai vaincus, et ils m'ont imploré ; j'ai fait la paix avec eux, et ils m'ont juré par leurs idoles [de l'observer], et j'ai cru à leur serment, parce qu'ils sont gens de bonne foi. Je m'en suis retourné dans la partie supérieure de mes états. Depuis que (ou puisque) je suis roi puissant, non-seulement je ne vais point à la suite des autres rois, mais encore je marche devant eux ; et ceux qui veulent lutter avec moi, je ne leur permets pas de rester tranquilles chez eux, à moins qu'ils ne me demandent pardon ; car je suis un lion pour les pays de plaines, et une chèvre pour les pays de montagnes.

J'ai fait la guerre une seconde fois contre les Blémyes, depuis Primis jusqu'à Talmis ; j'ai ravagé les terres des peuples qui habitent au-dessus des Nubiens, parce qu'ils m'ont cherché querelle.

Quant aux chefs des autres nations qui entrent en guerre avec moi, je ne leur permets pas de se reposer à l'ombre, et ils ne peuvent se désaltérer dans l'intérieur de leurs maisons, à moins qu'ils ne se soumettent à moi ; car ceux qui se révoltent contre moi, j'enlève leurs femmes et leurs enfans, et.....

D'après les observations précédentes sur le style de l'inscription de Silco, on doit y reconnoître, 1.° des imitations des livres saints ; 2.° des fautes grossières qui prouvent que le rédacteur savoit très-mal le grec, et qu'il en altéroit la syntaxe probablement en la pliant à celle de sa propre langue ; 3.° des manières de parler propres à la grécité du Bas-Empire et du grec moderne : ce dernier caractère annonce que l'inscription a été rédigée à une époque où les étrangers qui apprenoient le grec, n'apprenoient plus qu'une langue dégénérée.

SECONDE PARTIE.

Examen historique.

Il suffiroit des caractères que je viens de remarquer dans le style de l'inscription du roi chrétien Silco, pour établir qu'elle ne peut être antérieure au règne de Justinien. Je vais essayer maintenant d'en déterminer la date, d'après les données historiques et géographiques qui s'y rattachent, considérées dans leur rapport avec l'époque où le christianisme s'est introduit parmi les peuples du bassin supérieur du Nil.

Cette époque n'est jusqu'ici parfaitement connue que pour la partie nord-est de l'Abyssinie. La conversion de ce pays par S. Frumentius, sous le règne de Constantin, est un fait avéré, d'après les récits détaillés et concordans de Socrate et de Sozomène, confirmés en même temps par la lettre de Constance aux princes d'Axum, que nous a conservée S. Athanase; il est même certain qu'avant cette conversion générale, les fréquentes relations maritimes et commerciales de l'Égypte avec les côtes de l'Yémen et de la Troglodytique avoient déjà conduit dans ces régions des chrétiens qui s'y étoient établis : ils aidèrent S. Frumentius à opérer quelques conversions parmi les naturels; mais la conversion totale des Axumites ne fut consommée qu'après que S. Frumentius, qui étoit allé trouver S. Athanase à Alexandrie, eut été renvoyé à Axum par ce patriarche, en qualité d'évêque, vers l'an 330.

Socrat. Hist. eccles. I, 19. Sozomen. II, 24.

Du vivant même de S. Frumentius, le christianisme passa du pays des Axumites dans d'autres parties de l'Abyssinie; c'est ce que prouve la lettre de l'empereur Constance aux princes Aïzana et Saïazana, pour les engager à chasser cet évêque, ennemi déclaré de l'arianisme, comme S. Athanase. La religion chrétienne se répandit aussi parmi plusieurs des peuples soumis au roi d'Axum : on en verra la preuve tout-à-l'heure. Pénétra-t-elle dès-lors en Nubie? voilà le point qu'il importe de déterminer pour fixer la date de l'inscription. Mais la discordance des témoignages rend la question compliquée et difficile; et l'on ne peut espérer de l'éclaircir sans discuter en même temps les diverses circonstances géographiques qui se rattachent à ce monument, et toucher à plusieurs points obscurs de l'histoire de cette époque.

Tillemont, Mémoires pour servir à l'histoire ecclésiast. t. VII, p. 287.

Ap. S. Athanas. Opp. I, 316, B.

L'inscription de Silco ne fait mention que de deux peuples, les *Nobades* ou *Nubiens* et les *Blémyes*; les premiers déjà chrétiens, les seconds encore idolâtres. Nous allons suivre l'une après l'autre ces deux indications, en commençant par les Blémyes.

SECTION I.re

De l'introduction du Christianisme en Nubie et en Abyssinie.

§ I.er *Des Blémyes. — Introduction du Christianisme chez les Blémyes* (1).

La position que ce peuple occupoit lors de l'expédition de Silco est bien déterminée dans l'inscription. Silco a poursuivi les Blémyes depuis *Primis* jusqu'à *Talmis ;* il a pris *leurs* villes ; il s'est établi dans *leur* pays ; puis il s'est retiré dans le *sien :* d'où il résulte clairement que les Blémyes étoient les maîtres de la vallée inférieure de la Nubie depuis *Primis* (Ibrim) jusqu'à la frontière de l'Égypte.

C'est à la même situation que se rapportent les textes des auteurs les plus récens qui nous ont parlé de ce peuple, tels que Claudien [a], Ammien Marcellin [b], Sulpice Sévère [c], les auteurs de l'*Etymologicum magnum* [d], qui s'accordent à placer les Blémyes au-dessus de Syène et des cataractes. Il en est de même de Palladius, qui, en parlant des évêques bannis en 406 par suite de leur attachement à S. Jean Chrysostome, fait mention de l'exil de l'évêque Palladius à

[a] *Carmen de Nilo*, v. 19.
[b] XIV, pag. 8, ed. Vales.
[c] *Dialog.* 1, 15. Cf. *Et. Quatremere, Mémoires géograph.* t. II, p. 130.
[d] *Voce* Βλέμυες, pag. 180, l. 40, ed. Sturz.

(1) Le nouvel éditeur de l'*Histoire du Bas-Empire* de Lebeau assure, dans une de ses notes (t. VI, p. 326), que mes conjectures sur les Blémyes *ne reposent que sur des assertions vagues.* Comme, en matière d'érudition, il faut se garder avec soin des *assertions vagues*, je les ai cherchées dans mon Mémoire pour les faire disparoître ; mais je n'ai pu y découvrir que des *faits* tirés immédiatement des sources, et rapprochés plus ou moins heureusement, mais toutefois sans aucune préoccupation systématique ; je n'ai donc pas cru devoir y rien changer. Cependant comme je puis me tromper, je préviens les lecteurs du défaut qu'on a cru trouver dans ce paragraphe, afin qu'ils le lisent avec défiance, et jugent eux-mêmes si la critique est fondée ou non.

Syène dans le voisinage des Blémyes et des Éthiopiens (1). Un témoignage plus précis et plus détaillé est celui d'Olympiodore, qui, vers la même époque (407-425), visita le pays des Blémyes. Cet auteur raconte qu'ils habitoient la vallée du Nil, depuis Syène jusqu'à *Primis*, qui étoit la dernière ville de leur domination; il nomme quatre autres de leurs villes, *Phœnicon* et *Chiris* (2), lieux maintenant inconnus (sans doute parce qu'ils étoient situés au-delà du point où finissent les itinéraires romains, lesquels s'arrêtent à *Hiera-Sycaminos*), *Thapis*, la Taphis de l'Itinéraire d'Antonin et de notre inscription, et *Talmis*, qui est Khalapscheh. Le récit d'Olympiodore se coordonne très-bien avec celui de Priscus, qui se rapporte à l'an 452, et dont je parlerai plus bas. Tous ces textes nous représentent le même état de choses que nous trouvons exprimé dans l'inscription de Silco. Ainsi l'on doit reconnoître qu'au v.[e] siècle les Blémyes avoient formé un établissement fixe dans la vallée inférieure de la Nubie. Je pense qu'il devoit dater du règne de Dioclétien, qui, selon Procope, retira définitivement les garnisons des villes de la Nubie inférieure, et s'engagea à payer aux Nubiens et aux Blémyes, afin qu'ils cessassent

Olymp. apud Phot. pag. 193, ed. Rot.; p. 62, ed. Bekk.

Procop. Bell. Pers. I, 19, pag. 59.

(1) Παλλάδιον δὲ Βλεμμύων ἢ Αἰθιόπων ἐκ γειτόνων φρουρεῖσθαι, Συήνη (*lisez* Συήνην, dépendant de εἰς sous-entendu) καλούμενον τὸ χωρίον (Pallad. *de Vitâ S. Joh. Chrysost. dialog. in Corp. opp. S. Joh. Chr.* XIII, 77, A). Baronius a mal compris ce passage: il a rapporté le génitif Βλεμμύων au mot ἐπίσκοπος sous-entendu, tandis qu'il dépend de ἐκ γειτόνων. Plusieurs savans, trompés par sa version fautive, ont fait de Palladius un *évêque des Blémyes*; erreur qui n'est pas sans importance, puisqu'il en résulteroit que le christianisme avoit déjà pénétré chez ces peuples en 406.

(2) Je soupçonne que *Chiris* est le lieu appelé maintenant *Chérab*, un peu au-dessous de Derry: il s'y trouve des ruines antiques. *Phœnicon*, qui devoit son nom à des plantations de palmiers, étoit peut-être sur l'emplacement de Derry.

de faire des incursions dans la haute Égypte, un tribut qu'ils recevoient encore du temps de l'historien.

Au reste, cet établissement fixe n'empêchoit pas qu'ils ne fussent encore répandus dans le désert, à l'ouest et à l'est de la frontière de l'Égypte, d'où ils faisoient des incursions sur cette contrée, comme on le voit dans l'histoire. D'une part, des hordes de ces peuples, à une époque voisine de l'ère chrétienne, s'étoient répandues dans le grand désert, puisque Méla[a], Pline[b], et l'anonyme de Ravenne[c], placent des Blémyes du côté des Garamantes, des Atlantes et des Augiles; et il est très-vraisemblable[d] que de leur nom s'est formé celui de *Bilmah*, pays habité par les Tibbos, au nord du Bournou et au sud des Augiles, selon les anciens. De l'autre, le nom des Blémyes, à une époque plus récente, semble avoir été appliqué aux peuplades répandues dans le désert à l'est de l'Égypte, entre le Nil et la mer Rouge; car on lit dans les *Actes des martyrs de Raïthe* (1), monastère près du mont Sinaï, que les Blémyes s'embarquèrent sur un vaisseau d'Aïlah, dont ils s'étoient emparés près de la côte d'Éthiopie.

[a] *I. 4, 34; 8, 63.*
[b] *V, 8, p. 252, l. 11, 19.*
[c] *III, 3, p. 109.*
[d] *Maltebrun, Nouv. Annales des voyages, ann. 1820, tom. V, pag. 368. = Walcken. Rech. sur l'Afrique, pag. 370.*

Il n'est pas sûr néanmoins que, dans ce dernier cas, le nom de *Blémyes* fût celui que portoient réellement les peuplades errantes dans le désert à l'est de l'Égypte : du moins on a la preuve que les auteurs de ce temps l'appliquoient à des peuples qui eux-mêmes s'en donnoient un autre; et c'est peut-être le moyen d'expliquer les contradictions qu'on a remarquées chez les divers auteurs qui ont parlé des Blémyes : on les a attribuées à ce que ce peuple, étant nomade, a dû changer d'habitation selon

(1) *Illustrium Christi martyrum lecti triumphi*, ed. Combefis, p. 107-109.

le temps. Cette explication est sans doute vraie en grande partie; et elle le seroit de tout point, si l'on ne trouvoit ces contradictions dans des écrivains de même époque: elles ont donc encore une autre cause, et tiennent probablement à l'usage des anciens d'étendre le nom particulier d'un peuple à une multitude d'autres peuples dont ils ignoroient le vrai nom, mais qui leur paroissoient avoir les mêmes mœurs et les mêmes habitudes.

Un passage d'Ératosthène nous montre que ce géographe donnoit en général le nom de *Blémyes* aux peuples qui habitoient le désert entre le Nil et les Troglodytes sur la mer Rouge, depuis l'Égypte jusque vers Méroé; *Strab. XVII, pag. 786.* Théocrite, à peu près dans le même temps, les étendoit jusqu'aux sources du Nil, c'est-à-dire, jusqu'en Abyssinie; *Theocrit. Idyll. VIII, 114.* la même opinion se retrouve dans le vers que leur a consacré Denys le Périégète, dont l'ouvrage n'est qu'un abrégé en vers homériques de la géographie d'Ératosthène. *Dionys. Perieg. v. 218.*

Les classifications souvent artificielles et purement scientifiques des géographes alexandrins se sont perpétuées fort tard, et ont été confondues avec les notions de la géographie positive. Ainsi l'influence des idées d'Ératosthène se retrouve dans Ptolémée, qui place encore les Blémyes entre l'Astaboras et Adulis, *Geograph. IV, 8, pag. 114, Merc.* et dans Procope, qui, après nous avoir montré les Blémyes aux environs de Syène et des cataractes, *Procop. Bell. Persic. I, 19, pag. 59.* semble les reporter ensuite dans l'intérieur jusqu'à Axum : ce qui nous explique le passage où le scholiaste de Théocrite dit que les Blémyes sont les mêmes *Ad Idyll. VII, v. 114.* que les Troglodytes (1); les deux textes de Vopiscus, qui

(1) C'est peut-être au même fait que se rapporte un passage fort obscur de S. Épiphane, qui semble mettre le pays des Blémyes [*Blemmia*] à

Vopisc. in Aurelian. §. 33, 41.

Cosm. Indicopl. in Collect. nov. Patr. tom. II, pag. 339, A.

joint ensemble les Axumites et les Blémyes comme peuples limitrophes ; et enfin ce que nous dit Cosmas du commerce de l'or que les Blémyes faisoient avec les Axumites. On voit que, conformément aux idées d'Ératosthène, admises par Ptolémée, on continua, au moins jusqu'au VI.e siècle de notre ère, d'employer quelquefois le nom de *Blémyes* comme désignation générique de toutes les peuplades répandues dans la vaste région située entre le Nil et la mer Rouge, jusqu'au pays d'Adulis.

Si l'on pouvoit douter que cette application du nom des Blémyes fût purement systématique, on en auroit la preuve en examinant les dénominations qui se trouvent dans les deux inscriptions d'Adulis et d'Axum. La première contient l'énumération de tous les peuples que le roi d'Axum avoit conquis : il n'y est fait nulle mention des Blémyes ; et cependant ce nom devroit s'y rencontrer, puisque ces conquêtes se sont étendues dans tout l'intervalle qui sépare Axum de l'Égypte (1). Au lieu du nom des Blémyes, on trouve celui des *Tangaïtes*, dont le territoire s'étendoit jusqu'aux frontières de l'Égypte (2), c'est-à-dire, précisément où les auteurs grecs du temps ont placé les Blémyes. Ces Tangaïtes ont laissé leur nom au fertile pays de *Taka*, entre l'Atbara et Souakem. L'inscription d'Axum

Burckhard's Travels in Nubia, p. 348, sq.

côté de celui des Axumites (*in Ancorat.* II, pag. 60, E). L'auteur de l'utile et savant recueil intitulé *Mémoires sur l'Arménie* (II, pag. 298, 299) y a inséré un fragment arménien sur les *quatre fleuves du Paradis*. Il n'a pas remarqué que ce fragment n'est autre chose que la traduction du passage de S. Épiphane, à partir des mots Φεισὼν μὲν ἐστιν ὁ Γάγγης.

(1) C'est sans doute dans une de ces incursions jusque sur les limites de l'Égypte, que furent pris les Axumites qui ornèrent le triomphe d'Aurélien (Vopisc. *l. l.*).

(2) Ταγγαΐτας τοὺς μέχρι τῶν τῆς Αἰγύπτου ὁρίων οἰκοῦντας ὑπέταξα. (*Inscr. Adulit.*)

a pour objet de rappeler les victoires du roi des Axumites sur la nation des *Bugaïtes*, on en reconnoît le nom dans celui de *Bedja* ou *Bodja*, dont le Taka fait partie. Ces Bugaïtes formoient six peuplades, ayant chacune des chefs particuliers, que l'inscription nomme βασιλίσκοι, *reguli*. Dans tout cela, le nom de *Blémyes* ne paroît nullement, quoiqu'il s'agisse des mêmes contrées que les auteurs grecs leur assignent; d'où nous pouvons conclure avec quelque assurance que ce nom de *Blémyes* n'étoit pas celui que ces peuples se donnoient eux-mêmes, et n'étoit qu'une de ces dénominations systématiques connues seulement des géographes et des historiens.

Burckhard's Travels in Nubia, p. 348.

C'est par suite de l'emploi de cette dénomination que les *Blémyes* ont été comptés au nombre des peuples indiens. Je me contenterai de citer, à ce sujet, un passage du commentaire anonyme sur le *Tetrabiblos* de Ptolémée (1): « Les Assyriens adorent la lune; il en est de même de la » plupart des Indiens, de ceux qu'on nomme *Blémyes*. » Ce passage et tous ceux du même genre ne présenteront aucune difficulté, si l'on fait attention que l'ancienne Troglodytique (ou pays des *Blémyes*) a été souvent désignée par la dénomination d'*Inde*. Si je ne me trompe, cette confusion des mots *Inde* et *Éthiopie* est un vestige de la géographie homérique; elle remonte ~~en dernière analyse,~~ à la ~~fameuse~~ division qu'Homère a donnée des Éthiopiens en orientaux et en occidentaux, division dont on retrouve plus tard une application dans le système

Voyez surtout *Cuper*, *Observat. IV*, 7.

(1) Τὴν σελήνην σέβουσιν Ἀσύελοι (*l.* Ἀσσύριοι)· σέβουσι δὲ καὶ τῶν Ἰνδῶν οἱ πλεῖστον (*l.* πλεῖστοι)· Βλεμμύας π ὀνομάζονται. (*In* Claudii Ptolemæi *Quadripart. enarrat.* pag. 61, Basil. 1559.)

d'Éphore, et une trace évidente dans Hérodote. Les premiers poètes tragiques lièrent à cette idée les notions confuses qu'ils avoient sur les fleuves de l'Inde, et s'imaginèrent que le Nil y prenoit sa source : voilà, je pense, l'explication du passage tant controversé où Prométhée, dans Eschyle, dit que « le fleuve éthiopien prend naissance » chez un peuple noir qui habite *près des sources du jour ;* » et c'est peut-être à l'ascendant de ces idées poétiques qu'il faut attribuer la méprise d'Alexandre, qui prit l'Indus pour le Nil[a] ; méprise sans doute bien singulière, après les saines notions qu'Hérodote avoit données sur l'embouchure de l'Indus[b]. Il semble que les grammairiens d'Alexandrie, par leurs commentaires extravagans du passage d'Homère[c], contribuèrent à ramener la confusion des noms d'*Éthiopie* et d'*Inde ;* les poètes surtout s'en emparèrent, et les auteurs des poèmes dionysiaques fondèrent sur cette confusion même quelques-unes des fictions qu'ils rattachèrent aux expéditions de Bacchus : aussi nous en apercevons des traces dès le siècle d'Auguste, dans Tibulle[d], Virgile[e] et Josèphe[f] (1). Mais c'est surtout depuis le III.e siècle qu'on voit se répandre l'usage de donner le nom de l'Inde à l'Éthiopie ; et ce qui me paroît y avoir contribué, c'est que les chrétiens, ayant eu besoin, pour leurs systèmes sur les quatre fleuves du Paradis, d'identifier avec

Herodot. VII, 70.

Æschyl. Prometh. v. 808.

[a] *Arrian. Anab. VI, 1. Strab. XV, pag. 696. Trad. franç. t. V, p. 31, et la note de M. Coray.*

[b] *Herodot. IV, 44.*

[c] *Strab. I, p. 103. Trad. française, tom. I, p. 295, et la note de M. Gossellin.*

[d] *Eleg. III, 55, ibique Wunderlich.*

[e] *Georg. II, 116 ; IV, 293 ; ibiq. annotat.* Cf. *Voss, Erklärung des Virgil's Landb. p. 306.*

[f] *Bell. Jud. II, 16, 4.*

(1) Je pense que la même confusion existe dans le passage où Plutarque dit que Cléopatre avoit envoyé son fils Césarion dans l'Inde par l'Éthiopie.... ἐξέπεμψε.... εἰς τὴν Ἰνδικὴν δι' Αἰθιοπίας (*in Anton.* §. 81). Il est assez difficile de croire que cette princesse ait voulu envoyer son fils aussi loin ; je présume en conséquence que Ἰνδικὴ ne signifie que les pays d'Adulis et d'Axum, où Césarion devoit se rendre par la voie de terre, δι' Αἰθιοπίας.

Lu de cet autre des Suppliantes, où Pélasgus dit aux Argiennes : vous êtes peut-être de ces Indiennes nomades, voisines, à ce que j'ai entendu dire, des Ethiopiens, et qui voyagent sur des chameaux (1).

(1) Suppl. v. ~~26~~ 292.

le Nil le Géon, dont les uns faisoient l'Indus et les autres le Gange, ont été presque forcés de s'appuyer sur cette erreur géographique, que les poètes alexandrins avoient accréditée. Nous voyons, par exemple, Philostorge exposer comme un fait très-probable que le Nil, né dans l'Inde, passe par-dessous la mer Indienne et la mer Rouge sans se mêler avec leurs eaux, pénètre dans le continent d'Afrique, et vient ressortir par les montagnes de la Lune pour arroser l'Éthiopie et l'Égypte (1). Il me semble que telle est à peu près l'histoire de cette confusion géographique; toujours est-il certain qu'elle a été admise par les écrivains des IVe et VIe siècles de notre ère. Cuper en a déjà donné des exemples, auxquels on pourroit en ajouter d'autres : ainsi Procope fait venir le Nil de l'Inde, et ailleurs il prend le nom d'*Indien* pour synonyme de celui d'*Éthiopien*. Mais ce sont les écrivains ecclésiastiques surtout qui emploient cette dénomination; car ils désignent constamment sous le nom d'*Inde* et d'*Inde intérieure* toutes les côtes de l'Arabie et de la Troglodytique.

Cosmas Indicopl. in Collect. nov. Patr. II, 149. C. Acacius Cæsar apud H. Vales. in Philostorg. III, 10. S. Epiph. in Ancorat. II, p. 60, E.

Procop. Bell. Pers. I, 19, pag. 58, C. D. Ædific. V, 1, p. 109, B.

Voilà comment les *Blémyes* ont pu être compris parmi les *Indiens;* et cette observation peut éclaircir plusieurs difficultés dans les auteurs de cette époque, ou donner la clef de certaines fictions inventées par les poètes : j'en pourrois citer plusieurs exemples; je me contenterai d'un seul. Nonnus, dans les Dionysiaques, donne l'origine des *Blémyes;* il tire leur nom d'un héros nommé *Blémys*, roi des *Indiens*, qui, après avoir résisté à Bacchus lors de son

(1) Philost. *III*, *10* . . . . . . Τὴν Ἰνδικὴν θάλασσαν ὑπελθὼν . . . . καὶ ὑπὸ πᾶσαν τὴν ἐν μέσῳ γῆν ἀνεχθεὶς μέχρι τῆς Ἐρυθρᾶς θαλάσσης, καὶ ταύτην ὑποδραμὼν ἐπὶ θάτερον αὐτῆς ἐκδίδοται μέρος ὑπὸ (l. ἀπὸ) τῆς σελήνης καλούμενον.

Nonn. Dionysiac. XVII, v. 394 sq.

expédition dans l'*Inde*, fit un traité avec ce dieu. Dans cette fiction poétique, nous voyons l'usage systématique de la dénomination de *Blémyes* mêlé avec l'attribution du nom de l'*Inde* à l'Éthiopie. Ce qu'il y a de curieux, c'est que les anciens compilateurs parlent de ce héros Blémys comme d'un personnage historique, et donnent gravement cette fiction pour un fait. Si elle n'étoit pas une invention récente des poëtes dionysiaques, nous verrions probablement Blémys figurer, dans les anciennes compilations de généalogie, à côté de *Nilus* et de sa fille *Memphis*, mère de *Libye;* d'*Égyptus* et de sa femme *Arabie;* des héros *Arménius*, *Médus*, *Perses*, *Cilix*, et de tant d'autres qui, selon toute apparence, ne sont aussi que des dénominations géographiques que les poëtes ont personnifiées.

Stephan. Byz. voce Βλέμυες. Etymolog. magn. voce eâdem. Eustath. ad Dionysium Perieg. v. 226.

En résumant ces diverses observations, je dirai que le peuple qui *se donna* le nom de *Blémyes*, habita principalement dans la vallée inférieure de la Nubie, sur les confins de l'Égypte, où le placent Olympiodore et l'inscription de Silco; et que les peuples au sud-est, entre le Nil et la mer Rouge, jusqu'à Adulis et Axum, auxquels les historiens et les géographes ont appliqué en général la même dénomination, s'en donnoient certainement une autre.

Il étoit nécessaire d'établir une distinction, sans laquelle la fixation de l'époque du monument qui nous occupe auroit été embarrassée de plusieurs difficultés. Ainsi, par exemple, il est clair que, lorsqu'Eusèbe nous dit que, dès le règne de Constantin, le christianisme avoit pénétré chez les Éthiopiens et les *Blémyes*, ces noms désignent seulement les habitans de l'Abyssinie et de la Troglodytique, qui embrassèrent la religion chrétienne au temps

Euseb. Vit. Constantini, I, 8.

de S. Frumentius, et non pas les *Blémyes* de la vallée du Nil dont parle l'inscription de Silco.

Ceux-ci, au contraire, étoient encore idolâtres à l'époque de ce roi nubien. Olympiodore, au commencement du v.e siècle, les avoit trouvés païens; il paroît, d'après les expressions dont il se sert, que Talmis étoit leur chef-lieu religieux. Cela nous explique pourquoi Silco a choisi le temple de cette ville pour y consigner le souvenir de son expédition; c'est dans le sanctuaire même des faux dieux de ses ennemis que le roi chrétien a voulu déposer son hommage au vrai Dieu qui lui avoit donné la victoire. Je remarque qu'avant l'arrivée des Blémyes, Talmis, sous la domination romaine, paroît avoir joui d'une sorte de prééminence religieuse. C'est, du moins, ce qui semble résulter du titre de *bourg sacré* qui lui est donné dans un édit du stratége d'Ombos, appartenant au règne des Philippes[a], et du 11 décembre de l'an 248 de notre ère. L'historien Priscus[b] rapporte en détail toutes les circonstances d'un traité de paix conclu, l'an 452 de notre ère[c], entre les chefs des Blémyes et des Nubiens, et Maximin, général de l'empereur: Priscus se trouvoit alors en Égypte; il étoit ami de Maximin; ainsi son témoignage est ici du plus grand poids. Or on voit qu'une des clauses du traité, à laquelle les barbares tenoient par-dessus tout, fut qu'il leur seroit permis, selon l'usage antique, de se rendre à Philes, au temple d'Isis, et d'y prendre la statue de la déessé, pour la rapporter ensuite après un temps donné. Ce passage remarquable prouve à-la-fois que les Blémyes n'avoient pas abandonné le paganisme, et que le culte d'Isis subsistoit encore à Philes. Il en étoit de même

[a] Voyez mes *Recherches pour servir à l'histoire de l'Égypte, &c. pag. 487.*

[b] *Excerpt. legat. in Labbe Protrept. p. 40-41.*

[c] *Hanke, de Hist. Byzant. 1, 2, 13.*

à l'époque où Marinus écrivoit la vie de Proclus, après l'an 486 de notre ère, puisque cet historien dit expressément qu'Isis étoit encore adorée à Philes. Le culte païen ne fut détruit définitivement dans cette île qu'environ cinquante ans après, sous le règne de Justinien, comme on le voit dans Procope. De ces rapprochemens il faut conclure que les résultats de l'édit de Théodose relatif à l'abolition du paganisme n'eurent pas, du moins pour la haute Égypte, toute l'étendue que lui ont attribuée les historiens, puisque le culte d'Isis à Philes subsista encore un siècle et demi, et qu'environ soixante ans après la destruction du temple de Sérapis à Alexandrie, nous voyons, d'une part, les Nubiens et les Blémyes stipuler, dans un traité de paix, qu'il leur sera permis de venir faire leurs dévotions accoutumées dans l'île d'Isis; et de l'autre, un général romain choisir cette île de préférence pour la signature du traité, afin que la vénération des barbares envers ce lieu saint fût une garantie plus forte de la sincérité de leurs sermens.

Marin. Vit. Procli, pag. 16; itiq. Boisson. p. 109.

Procop. Bell. Pers. I, 19, p. 60, A.

Il résulte encore de ces observations que les inscriptions chrétiennes découvertes et copiées à Philes par M. Gau et d'autres voyageurs ne doivent pas être antérieures au VI.e siècle de notre ère.

D'après la citation que nous avons faite ci-dessus du passage de Procope, on ne s'étonnera pas que cet auteur nous représente les Blémyes comme étant encore païens de son temps, et adorateurs d'Isis et d'Osiris : il nous dit même qu'ils *sacrifioient des hommes au soleil.* Sans garantir cette circonstance, je ferai remarquer une coïncidence assez frappante; c'est que le temple de Talmis, chef-lieu religieux des Blémyes, étoit en effet consacré au soleil, qu'on y adoroit sous le nom de *Mandoulis*, comme le prouvent les inscriptions qui y ont été recueillies. Ce rapprochement prouve du moins qu'au temps de Procope le temple de Talmis appartenoit encore au culte égyptien.

Voyez mes *Recherches pour servir à l'histoire de l'Égypte, &c. pag. 479.*

On a la certitude que ce temple fut, dans la suite, converti en église et approprié au culte chrétien, de même que ceux de Dekké[a], de Téfah[b], d'Essaboua[c], d'Amadon[d], d'Ibsamboul[e], et en général de presque tous les temples anciens de la Nubie : mais il doit paroître clair maintenant que ce changement n'a pu avoir lieu avant le règne de Justinien; ce qui fixe la limite au-delà de laquelle on ne peut faire remonter les vestiges du christianisme qui existent dans cette contrée (1). C'est ce qu'achevera d'établir la discussion des faits qui se rapportent aux Nubiens dans l'inscription de Silco.

[a] *Burckhard's Travels in Nubia, pag. 117. Senkousky, dans les Nouv. Annales des voyages, XVI, 295.*

[b] Voyez mon *Mémoire sur la Table horaire de Téfah, dans les Nouv. Ann. des voyages, XVII, pag. 357.*

[c] *Gau, Antiq. de la Nubie, p. 45, A.*

[d] *Le même, pl. 48, 49.*

[e] *Senkousky, endroit cité.*

§. II. *Des Nobades ou Nubiens, et de leur Conversion au christianisme.*

Nous avons vu que le territoire des Nubiens ne dépassoit pas la ville de *Primis* ou Ibrim, vers le nord. A Ibrim commençoit celui des Blémyes, peuple qui paroît avoir été indépendant des premiers, dont il étoit l'allié

(1) On conçoit néanmoins qu'avant la conversion des Blémyes quelques solitaires ont pu s'établir et même quelques réunions de moines ont pu se former dans certains points écartés de la vallée du Nil. Il se pourroit donc qu'on trouvât par la suite quelques vestiges du christianisme antérieurs à l'époque que j'assigne, sans que, pour cela, les conséquences que j'ai tirées de faits bien constatés cessassent d'être justes.

naturel, d'après sa situation entre la Nubie et l'Égypte : aussi nous voyons presque toujours ces deux peuples ligués entre eux dans leurs incursions sur la haute Égypte, et dans les guerres avec les Romains, qui en étoient ordinairement la suite. D'ailleurs l'identité de leur culte religieux, les cérémonies qu'ils alloient faire en commun au temple de Philes, devoient entretenir la bonne harmonie entre les deux peuples.

Mais jusqu'où les Nubiens s'étendoient-ils au midi ? on l'ignore. Silco dit vaguement qu'il s'est retiré dans la *partie supérieure* de ses états, qui est probablement le pays de Dongola; et il parle de ses guerres avec les autres peuples situés *au-dessus des Nubiens,* qui ont voulu se mesurer avec lui : ce sont peut-être les peuples du côté de Méroé, du Sennaar et du Fazokl, jusqu'aux frontières orientales du pays d'Axum.

On se fait une idée de ce que pouvoit être ce royaume de Nubie, par un passage de la vie de Michaël, patriarche d'Alexandrie, qui écrivit à Cyriaque, roi de Nubie, en 737, pour le détourner de faire une expédition en Égypte. L'auteur de cette vie rapporte que la puissance de Cyriaque s'étendoit sur treize *rois,* dont le plus puissant étoit Elkera, prince jacobite; un autre étendoit sa domination jusqu'aux contrées les plus australes. Ce sont probablement des rois de ce genre que l'inscription d'Axum appelle βασιλίσκοι, et que celle de Silco nomme les *despotes des autres nations soumises à ce prince.*

Ap. Le Quien, in Orient. Christian. II, 662.

Dans l'ivresse de sa puissance, Silco prend le titre de *roi de tous les Éthiopiens;* mais personne n'imaginera sans doute qu'il fût aussi roi de l'Abyssinie et d'Axum, pays compris sous la dénomination générique d'*Éthiopie*. Ce n'est donc là qu'une de ces fanfaronnades communes chez ces rois barbares : ainsi Aïzana, dans l'inscription d'Axum, prend le titre de *roi des rois*, comme le souverain actuel celui de *negash negashi*[a], qui a le même sens. Ce titre pompeux ne parut pas trop magnifique aux petits rois du Bosphore[b]: il paroît que souvent on n'y attachoit pas d'autre idée que celle d'un prince dont l'autorité étoit reconnue par des chefs particuliers[c]; et nous venons de voir que c'étoit le cas du roi des Nubiens. Quand on rapproche les inscriptions d'Adulis, d'Axum et de Talmis, des renseignemens nombreux que M. Ét. Quatremère a puisés dans les écrivains orientaux[d], on en retire l'indication assez claire que la plus grande partie des peuples si nombreux qui habitoient le bassin supérieur du Nil, étoient alors soumis à l'un des deux grands royaumes de Nubie et d'Abyssinie; que ces peuples divers, ayant de petits rois particuliers, cherchoient de temps en temps à se soustraire à l'autorité du peuple dominateur, et surtout aux tributs qui leur étoient imposés. De là des guerres dont ces trois inscriptions nous ont conservé des monumens. Ces deux grands empires qui se touchoient à leurs extrémités, et dont les chefs cherchoient à attirer à eux telle ou telle partie de la domination de son voisin, devoient être dans un état continuel de rivalité et de guerre; et ce qui appuie cette conjecture, c'est la lettre écrite par Isaac, patriarche d'Alexandrie, en 687, aux rois de Nubie et d'Éthiopie, pour les exhorter à la concorde.

Renaudot, Hist. patr. Alexand. pag. 178.

Je suis disposé à croire que ce fut cet état de rivalité qui contribua à empêcher le christianisme de pénétrer de

[a] *Salt's Travels in Abyssinia*, p. 411.

[b] *Raoul-Rochette, Antiq. du Bosphore*, p. 56.

[c] Cf. *Palairet, Observ. philolog. critic. pag.* 528. *Koehler, Remarques sur un ouvrage intitulé* Antiquités du Bosphore, *p.* 35.

[d] *Mémoires géograph. &c. II, p.* 54 *et suiv.*

l'Abyssinie dans le pays des Nubiens : en effet, ceux-ci, comme on l'a vu, ne le reçurent que deux siècles après, par l'intermédiaire de l'Égypte. C'est encore ce qui résulte de l'examen des divers témoignages relatifs à ce point curieux.

Grégoire Bar-Hebræus, ou Abulfaradge, dans son Histoire universelle, rassemblant confusément les noms des différens peuples qui avoient reçu le christianisme sous le règne de Constantin, nomme les Coptes, tous les Nigrites, tels qu'Éthiopiens, Nubiens et autres. Cela est exact en ce qui regarde les Coptes et les Abyssins, mais ne peut être vrai qu'avec restriction pour les habitans du Noubah. Rien n'empêche, sans doute, que le christianisme ne s'y soit introduit, dès les règnes de Constantin et de Constance, parmi quelques individus, de même que chez les Abyssins il y eut un certain nombre de chrétiens avant l'apostolat de Frumentius (1). Restreint de cette manière, le texte d'Abulfaradge n'offre aucune difficulté: mais, entendu dans le sens d'une conversion générale, il offre plusieurs difficultés graves. En effet, indépendamment de ce que Priscus et Procope disent, en termes exprès, que les Nobades ou Nubiens adoroient encore Isis et Osiris, on pourroit opposer Abulfaradge à lui-même. Nous lisons, dans sa Chronique syriaque des Jacobites, un récit des plus circonstanciés sur la conversion des Nubiens, qui fut opérée pendant le règne de Justinien par

Abulfarag. Hist. dyn. VII, p. 85, ed. Pocock.

Bell. Persic. I, 19, pag. 59, 60.

(1) De la même manière s'explique un passage où Cosmas compte les Nubiens et les Garamantes parmi les peuples chez lesquels s'étoit introduit le christianisme de son temps. (*Topogr. christ. in Collect. nov. Patr.* II, pag. 173, B.)

un prêtre jacobite, nommé *Julianus* (1). Abulfaradge termine son récit en ces termes : *Atque hoc pacto universus Æthiopum populus, orthodoxam fidem edoctus, sedi Alexandrinæ se subjecit.* Assemani s'étonne de ce que l'auteur place à cette époque la conversion de tous les Éthiopiens, puisque celle des Abyssins datoit d'environ deux siècles. Mais peut-être l'erreur vient-elle de l'équivoque du mot *Éthiopiens*, qui, comme tous les termes génériques, a été pris dans un sens tantôt restreint, tantôt étendu. Mille exemples prouvent qu'il a souvent été employé pour désigner seulement les Nubiens. Dans cette hypothèse, *universus Æthiopum populus* peut ne signifier que *la totalité de la nation nubienne :* alors le passage ne présenteroit plus aucune difficulté; et comme *orthodoxam fidem*, dans la bouche d'un jacobite, s'entend de l'hérésie des monophysites, nous tirerons du passage la conséquence que cette hérésie s'est introduite en Nubie en même temps que le christianisme. Les mots *sedi Alexandrinæ se subjecit* étonneront alors d'autant moins, que, dès l'an 451, Dioscorus, vingt-cinquième patriarche d'Alexandrie, infecta tout son clergé de l'hérésie jacobite, qui s'est maintenue jusqu'à nos jours parmi les Coptes et les Abyssins. Renaudot regardoit la lettre écrite en 687 par le patriarche Isaac aux rois de Nubie et d'Abyssinie comme le plus ancien exemple connu des relations des patriarches jacobites d'Alexandrie avec les rois de Nubie et d'Abyssinie. Le

Renaudot, Hist. patriarch. Alex. 114.

(1) Apud Asseman. *in Biblioth. oriental.* II, 336. *Julianus presbyter orthodoxus, incensus pio zelo erga* Nubas, superiori Thebaïdi finitimos, *cogitare cœpit si quo modo eos ad* christianam fidem traduceret; *erant quippe ethnici, et romanæ ditionis terras vehementer vexabant.*

Id. pag. 178. témoignage de Grégoire Bar-Hebræus montre que ces relations, avec la Nubie du moins, sont plus anciennes d'un siècle environ : il est vraisemblable que l'hérésie des jacobites s'introduisit peu à peu en Abyssinie par la voie de la Nubie (1).

Quoi qu'il en soit, l'accord des témoignages d'Olympiodore et de Priscus, de Procope et de Grégoire Bar-Hebræus, prouve assez bien que le christianisme n'a point pénétré de l'Abyssinie chez les Nubiens, et qu'il s'est introduit parmi ces derniers sous le règne de Justinien. L'inscription de Silco ne peut donc être antérieure au milieu du VI.e siècle de notre ère. D'une autre part, il est difficile de la croire postérieure à la première invasion des Arabes en Nubie, qui est de l'an 20 ou 21 de l'hégire [641 à 642 de notre ère]. Ainsi je ne pense pas qu'on s'éloigne beaucoup de la vérité, si l'on en place l'époque vers la fin du VI.e siècle. Les Blémyes ne tardèrent sans doute pas à embrasser la religion chrétienne ; peut-être même leur conversion fut-elle la suite des deux expéditions de Silco. C'est alors que plusieurs des temples païens de la Nubie inférieure furent convertis en églises chrétiennes.

Ét. Quatremère, Mémoires géogr. t. II, 39.

Il me reste maintenant à expliquer pourquoi cette inscription d'un roi chrétien de la Nubie est écrite en grec, et pourquoi nous y reconnoissons les formes que cette langue avoit prises à Constantinople vers les VI.e et VII.e siècles de notre ère.

(1) Selon Eutychius (*Annal.* II, pag. 387), ce ne fut que sous le califat d'Omar que les Nubiens adhérèrent à l'hérésie des jacobites ; mais le récit d'Abulfaradge me paroît se lier beaucoup mieux avec l'ensemble des faits.

SECTION II.

§ I.er *De l'introduction et de la propagation de la Langue grecque en Abyssinie et en Nubie.*

La seconde des deux inscriptions d'Adulis, et celle d'Axum, découverte par M. Salt, prouvent que, vers les III.e et IV.e siècles de notre ère (1), les rois d'Abyssinie employoient la langue grecque dans certains monumens publics. L'inscription de Silco établit clairement qu'il en étoit de même chez les Nubiens. Comme on avoit cru jusqu'à présent que celle-ci appartenoit, ainsi que les deux autres, à l'époque du paganisme, on avoit rapporté à la même cause l'emploi de l'idiome qui a été choisi pour toutes les trois. Mais, d'après les nouvelles observations dont elle a été l'objet dans la première partie de ce Mémoire, on doit déjà présumer qu'il y a encore ici plus de distinction à faire. Pour moi, je pense que la propagation de la langue grecque n'a pas eu en Nubie les mêmes causes qu'en Abyssinie, et que cet idiome s'est introduit beaucoup plus tard dans la première que dans la seconde de ces deux contrées. Je vais indiquer les faits et les raisonnemens sur lesquels je fonde mon opinion.

(1) L'inscription d'Axum, d'où il résulte que Aïzana et Saïazana étoient encore païens, est donc nécessairement un peu plus ancienne que l'an 356 de notre ère, date de la lettre de Constance à ces princes d'Abyssinie. L'âge de celle d'Adulis est incertain. A en juger par le style, qui est infiniment meilleur que celui de l'autre, elle peut lui être antérieure d'un siècle ou même davantage.

§. II. *Causes de l'introduction de la Langue grecque en Abyssinie.*

Du moment où les Grecs furent les maîtres de l'Égypte, et particulièrement dès le règne de Ptolémée Philadelphe, le commerce de la mer Rouge prit un développement extraordinaire. Les Grecs se répandirent sur toutes les côtes du golfe, et formèrent des établissemens dans toute l'étendue de la Troglodytique jusqu'au détroit de Bab el-Mandeb, et même au-delà. La fondation de Philotéras, de Ptolémaïs, des trois Bérénices, d'Arsinoé du détroit, et d'un grand nombre d'établissemens destinés, soit à la chasse des éléphans, soit à servir de comptoirs, amena sur ces côtes une multitude de familles grecques qui, bien avant l'époque de la domination romaine, y portèrent non-seulement la langue, mais encore les usages religieux de la Grèce. Des autels dédiés aux divinités grecques furent élevés dans les lieux dont les navigateurs avoient pris possession et où ils s'étoient établis; de là les noms d'*autels* de Pytholaüs, de Lichas, de Pythangélus, de Charimotrus[a], de Conon[b], donnés à plusieurs de ces comptoirs. Des statues portant des inscriptions dédicatoires furent érigées en l'honneur des princes sous le règne desquels ces divers établissemens avoient été formés.

Gossellin, Recherches sur la géographie-systématique, t. II, 173 et suiv.

[a] *Artemidor. ap. Strabon. XVII, pag. 774.*
[b] *Id. p. 771.*

Tel fut, je pense, l'unique objet de la première inscription d'Adulis; je veux parler de celle de Ptolémée Évergète, que Cosmas avoit vue gravée sur une table de basalte, et qui étoit en rapport avec une statue de ce prince. On sait maintenant qu'elle est tout-à-fait distincte d'une autre inscription gravée sur un siége de marbre, et que Cosmas

Cosmas Indicopl. in Collect. nova Patr. II, p. 141.

a cru être la suite de la première, quoiqu'elle ait été écrite bien long-temps après.

Depuis qu'on a fait cette distinction importante, l'authenticité de l'une et de l'autre, prises séparément, n'est plus la matière du plus léger doute (1).

L'inscription de Ptolémée Évergète n'est pas entièrement complète; il manque quelque chose à la fin, parce que, dès le temps de Cosmas, la partie inférieure de la pierre avoit été fracturée (2). Mais cet auteur observe lui-même que ce qui manque doit avoir été peu considérable, la cassure n'ayant enlevé qu'une très-petite partie de la pierre (3); on ne peut donc supposer qu'il manquât alors plus d'une ligne ou deux. Or cette inscription ne contient qu'une énumération pompeuse des conquêtes de Ptolémée Évergète; elle ne se rapporte en rien au lieu où Cosmas l'a découverte, ni à aucun autre lieu en particulier. Je présume donc que la fin portoit seulement, *il a ordonné de s'établir en ce lieu*, ou toute autre phrase analogue exprimée en peu de mots, et que l'inscription entière n'étoit qu'une espèce de protocole contenant une formule générale de prise de possession. On conçoit que, des inscriptions de ce genre convenant à tous les lieux, les commandans de navires, chargés de faire des établissemens, pouvoient en emporter d'Héroopolis, de Myos Hormos ou de Bérénice, plusieurs exemplaires gravés sur une dalle

(1) Le nom d'*Adulis* ne se trouve que dans la seconde inscription. Ainsi les argumens que M. Gossellin tire du silence d'Agatharchide et d'Artémidore contre l'existence d'une ville d'*Adulis* au temps des Ptolémées, subsistent dans toute leur force.

(2) Τὸ κάτω πάνυ μέρος αὐτῆς κλασθὲν καὶ ἀπολεσθέν. (Cosmas, p. 140, E.)

(3) Ὀλίγα δὲ ἦν τὰ ἀπολόμενα· οὐδὲ γὰρ πολὺ ἦν τὸ κεκλασμένον μέρος αὐτῆς. (*Id.* p. 142, A.)

de basalte ou de granit, d'une grandeur médiocre (1), avec autant de statues du roi, afin de les déposer dans les lieux où ils jugeoient à propos de fonder des établissemens nouveaux. Cette hypothèse me paroît satisfaire à toutes les conditions que présente la première inscription d'Adulis, d'après les diverses circonstances qu'a rapportées Cosmas. Ainsi tout ce qu'il faut conclure de l'existence d'un pareil monument dans le lieu où Cosmas l'a découvert, c'est que les Grecs, dès le temps de Ptolémée Évergète, avoient formé un comptoir au fond du golfe de Masuah; et, dans le fait, il ne seroit pas vraisemblable qu'ils eussent long-temps négligé un port qui a dû toujours être le débouché principal des marchandises de l'Abyssinie.

Strab. XVII, 778.

Le commerce de la mer Rouge ayant pris une bien plus grande extension encore sous la domination romaine, les relations avec les côtes de la Troglodytique et de l'Arabie devinrent plus fréquentes; de nouveaux établissemens furent formés. Les Grecs, selon l'auteur du Périple de la mer Érythrée, se fixèrent jusque dans le port septentrional de Socotora, île déserte (2), excepté sur la côte nord où s'étoient établis quelques colons arabes, indiens (3) et grecs; et l'usage de la langue grecque y subsistoit encore

(1) Celle d'Adulis n'avoit que *trois coudées* de haut (Cosmas, p. 140, D), c'est-à-dire, 1m,380.

(2) Μεγίστη μὲν, ἔρημος δὲ καὶ κάθυγρος. (*Peripl. mar. Erythr.* pag. 158, ed. Blanc.)

Si l'auteur du Périple ne s'est pas trompé, ou si les copistes n'ont pas écrit κάθυγρος pour ἄνυδρος, il faut que le climat de Socotora ait bien changé depuis seize siècles; car l'île est maintenant d'une extrême aridité. (Épidariste Colin, dans les *Annales des voyages*, t. X, 143.)

(3) Peut-être le mot *Indiens* ne désigne-t-il ici autre chose que des Éthiopiens. *Voyez* plus haut, p. 31-33.

au temps de Cosmas. Ce port étoit situé presque en face Cosmas, pag. 179, A. d'Adana, ville de la côte d'Arabie, où les Grecs avoient formé un établissement. Ces deux positions correspondantes, Philostorg. III, p. 4. à l'entrée du golfe, formoient naturellement des points utiles pour la relâche des bâtimens et l'entrepôt des marchandises. Tous ces comptoirs, même les plus éloignés, furent soumis à l'administration romaine; ils payèrent à l'empereur des impôts qui s'affermoient comme ceux des autres lieux de l'empire; et, dès le règne de Claude, les fermiers de ces impôts envoyoient leurs commis faire la collecte jusque dans les ports situés hors du golfe : c'est ce qu'on apprend par l'aventure arrivée à l'affranchi du fermier Annius Plocamus, que les vents poussèrent dans la Taprobane, d'où quelques députés furent envoyés à Rome, et débitèrent mille absurdités sur leur propre pays (1). Plus tard, au temps de Septime Sévère et de Plin. VI, 22. Cf. Gossellin, Recherches &c. t. III, 295. Caracalla, époque que je crois être celle de la rédaction du Périple (2), un centurion, avec un corps de troupes,

(1) Un membre de la société de Sumatra, M. Tytler, vient d'essayer de prouver que cet affranchi de Plocamus avoit beaucoup contribué à répandre le christianisme à Java et dans les autres îles de l'archipel indien (*Asiatic Journal*, déc. 1824, p. 607). Il seroit curieux de savoir comment M. Tytler établit le point principal de sa thèse, savoir, que cet affranchi étoit chrétien lui-même.

(2) Dodwell place la rédaction du Périple sous les règnes de Marc-Aurèle et de Lucius Vérus; Saumaise, le D.r Vincent et Mannert (*Geogr. der Gr. und Rom.* I, 125), la reportent jusqu'aux temps de Claude ou de Néron : mais la diction appartient certainement à une époque plus récente; et toute personne un peu exercée à distinguer les styles jugera que cette époque ne sauroit être antérieure au temps de Septime Sévère. Le passage où il est dit que le roi des Homérites, Charibaël, étoit *ami des empereurs* [φίλος τῶν αὐτοκρατόρων], et leur avoit envoyé de fréquentes ambassades, annonce que le trône impérial fut alors occupé pendant assez long-temps par deux princes; ce sont, je pense, Septime Sévère et son fils Caracalla, qui

étoit envoyé pour percevoir le montant du quart des marchandises apportées aux comptoirs de l'Arabie (1). Les monnoies romaines d'or et d'argent circuloient dans ces comptoirs; le Périple compte les deniers d'or et d'argent parmi les articles d'exportation sur les côtes de l'Éthiopie et de l'Arabie[a]. Ces monnoies alloient jusque dans l'Inde[b], comme à présent les piastres d'Espagne; et l'on en découvre des exemplaires en plusieurs endroits de l'Indoustan[c]. Il suffit de ces faits pour sentir quelle étoit l'étendue des relations de l'empire romain avec les ports de la mer Rouge; et l'on aura l'idée de ce qu'elles étoient encore au IV.e siècle de notre ère, en lisant un rescrit de Constance sur les personnes chargées des messages auprès de ces peuples[d]. Sans doute des réglemens fixèrent les rapports commerciaux des Grecs avec les naturels; on peut même conjecturer, avec une grande apparence de certitude, que les Romains continuèrent, comme on l'avoit fait sous les Lagides[e], d'entretenir dans la mer Rouge des bâtimens de guerre pour protéger les vaisseaux marchands contre les pirates arabes,

[a] *Peripl. p. 146, 148.*

[b] Voyez mes *Considérat. générales sur l'évaluation des monnoies grecques et romaines, &c. p. 122.*

[c] *Asiatic Researches, t. II, n.° 19.*

[d] *Cod. Theodos. II, de legat.*

[e] *Artemidor. ap. Strabon. XVI, p. 776; ap. Diodor. Sicul. III, p. 42.*

régnèrent conjointement pendant un espace de douze années, depuis 198 jusqu'en 210. La rédaction du Périple se placeroit dans cet intervalle.

(1) *Εἰς αὐτὴν παραλήπτης τῆς τετάρτης τῶν εἰσφερομένων φορτίων, καὶ ἑκατοντάρχης μετὰ στρατεύματος ἀποστέλλεται.* (*Peripl.* pag. 19, 20.) On remarquera ici le mot παραλήπτης qui manque aux lexiques. C'est une expression du dialecte alexandrin, qui se rencontre, avec un sens analogue, dans des inscriptions en caractères cursifs sur des tessons trouvés à Dekké en Nubie par M. Gau, inscriptions que M. Niebuhr a très-bien déchiffrées (dans les *Antiquités de la Nubie*, pag. 19 et 20). Le mot παραλήπτης, ou plutôt παραλήμπτης, car c'est ainsi qu'il est constamment écrit dans ces inscriptions, s'y applique au *centurion* ou à l'*option* qui, ayant reçu de l'autorité militaire les vivres nécessaires au corps de troupes cantonné à Dekké, étoit chargé de lui en faire la distribution mensuelle. Ces inscriptions contiennent les reçus des soldats.

et châtier les villes qui n'exécuteroient pas fidèlement les traités de commerce. De cette manière s'expliquent, et la destruction, par l'ordre de Septime Sévère, du port *Arabia Felix* dans le pays des Homérites au-delà du détroit, et les députations chargées par Charibaël, roi des Homérites, de porter aux empereurs [Sévère et Caracalla (?)] l'assurance de son amitié.

Peripl. mar. Erythr. p. 154.

Id. ibid.

On conçoit que, par suite de ces relations, la langue grecque dut se répandre sur toutes ces côtes, et devenir l'idiome commercial des ports de la mer Rouge, comme l'italien le fut, pendant le moyen âge, pour les ports d'une partie de la Méditerranée. Au temps de Septime Sévère et de ses fils, époque présumée de la rédaction du Périple, le grec avoit pénétré à la cour des rois du pays. Zoscalès, qui paroît avoir réuni sous sa domination toute la Troglodytique jusqu'au détroit de Bab el-Mandeb, savoit très-bien le grec. Il ne seroit pas impossible qu'il fût l'auteur de la seconde inscription d'Adulis (1), dont le style est beaucoup meilleur que celui d'Axum. On voit par la lettre de Constance aux princes d'Abyssinie, que les empereurs correspondoient en grec avec les rois du pays. D'ailleurs, ces inscriptions montrent que cette langue étoit devenue dans ces contrées, ainsi que le latin en occident, une espèce de langue commune entre les commerçans des diverses parties de l'Arabie et de la Troglodytique, habitées par une multitude de peuplades qui parloient des idiomes différens; et si les rois d'Abyssinie ont choisi de préférence la langue grecque pour retracer dans ces inscriptions leurs

Id. p. 145.

Id. p. 153.

(1) C'est une conjecture de M. Niebuhr, dans le *Museum der Alterth. Wissensch.* II, 610.

actions et leurs conquêtes, c'étoit sans doute afin que les négocians que le commerce amenoit des divers points de la mer Rouge à Adulis et à Axum, puissent en prendre plus facilement connoissance. Peut-être l'emploi de cet idiome tient-il encore à ce que le grec devoit être alors en Abyssinie la langue de la religion. On ne peut douter en effet que la religion grecque ne se fût introduite dans cette contrée, et probablement d'assez bonne heure; c'est ce qu'attestent ces mêmes inscriptions, où le roi prend le titre de *fils de Mars*, et principalement celle d'Adulis, où il est question de sacrifices à Jupiter, à Mars et à Neptune (1). Cosmas assure même avoir vu les figures d'Hercule et de Mercure sculptées sur le dossier du trône de marbre que le roi d'Abyssinie avoit consacré à Mars. Dès-lors on conçoit que le grec dut être employé de préférence dans tous les actes solennels où la religion entroit pour quelque chose. En prouvant que les Axumites avoient adopté la religion grecque, ces inscriptions démontrent la fausseté des traditions qui font descendre les rois de ce pays de la reine de Saba, et adopter à la nation le culte des Juifs; il infirme l'autorité des chroniques d'Axum, du moins en ce qui concerne la religion des Abyssins.

Cosmas, pag. 141, B.

Quoi qu'il en soit, les divers rapprochemens que je viens de faire expliquent non-seulement l'existence de l'inscription d'Adulis et de celle d'Axum, mais encore la nature du style dans lequel elles sont écrites, qui est celui d'Alexandrie à la même époque. On s'étonnera donc peu de trouver dans la dernière le mot latin *ἀννώνα* et le verbe *ἀννω-*

Salt's Travels in Abyssinia; et dans la Lettre de M. Silvestre de Sacy, Annal. des voyages, XII, 339.

(1) Κατῆλθον εἰς τὴν Ἀδουλὴν τῷ Διῒ, καὶ τῷ Ἄρει, καὶ τῷ Ποσειδῶνι θυσιάσαι.

Inscr. Axum. l. 16, 20 et 27.

νεύειν (1). L'influence de cette ville me paroît se montrer jusque dans les formes du trône de *marbre blanc*, consacré par le roi d'Abyssinie, et qui, selon la description de Cosmas, a tous les caractères du style grec, selon la remarque de M. Hirt (2). Je crois même faire une conjecture fort probable en supposant que ce trône avoit été transporté d'Égypte par quelque bâtiment marchand. Il est à remarquer en effet que, parmi les articles de commerce qu'on débitoit dans les ports de la mer Rouge et de l'Océan indien, le Périple compte des objets d'art et d'ornement, tels que des ustensiles d'argent [ἀργυρᾶ σκεύη], des vases d'argent ciselés [ἀργυρώματα τετορευμένα], et jusqu'à des *statues* [ἀνδριάντες].

Peripl. p. 167 et passim.

La religion chrétienne, qui s'introduisit dans ces contrées vers le milieu du IV.ᵉ siècle, en bannit les divinités de la Grèce; mais elle y maintint l'usage de la langue grecque. Le christianisme trouva parmi ces peuples un grand nombre d'individus capables de lire ou d'entendre les livres saints dans la langue où ils étoient écrits; et cette circonstance put contribuer à hâter les progrès du christianisme, non-seulement en Abyssinie, mais encore dans tous les pays où le grec étoit répandu.

Voilà, ce me semble, dans quel ordre de faits viennent

(1) Ce n'est pas le seul mot latin qui ait pénétré dans l'idiome grec qu'on parloit sur ces côtes. D'après une conjecture de M. Saint-Martin sur un passage de la Géographie de Moïse de Chorène, le nom que les marins qui traversoient la mer Érythrée donnoient à la constellation Canope, étoit pris du latin (*Mém. sur l'Arménie*, II, pag. 321). Le D.ʳ Vincent a déjà remarqué un nom latin parmi ceux des marchandises qu'on transportoit sur les côtes de l'Inde (*the Periplus of the Erythr. sea*, Append. pag. 3).

(2) Cité par M. Buttmann dans le *Museum der Alterth. Wissensch.* II, p. 113.

successivement se placer la première et la seconde inscription d'Adulis et celle d'Axum, et comment on peut expliquer d'une manière naturelle et à peu près complète toutes les circonstances que présentent ces précieux monumens.

§. III. *De l'introduction de la Langue grecque en Nubie.*

QUANT à l'inscription de Silco, je crois que les faits que je viens d'exposer ne lui sont point applicables ; car, si je ne me trompe, il s'en faut beaucoup que les causes qui ont été indiquées dans le paragraphe précédent, aient également contribué à répandre la langue grecque en Nubie.

Et ici, je n'entends pas parler de la partie inférieure de la Nubie qui s'étend de Philes à Méharrakah, l'ancienne *Hiera-Sycaminos* (1) ; car cette partie, sous la domination des Grecs et des Romains, fut une annexe de l'Égypte, dépendante du nome d'Ombos, une sorte de pays frontière, de *collimitium* ou συνορία, qui n'étoit plus l'Égypte sans être l'Éthiopie, et qu'habitoit une population gréco-égyptienne, défendue contre les incursions des barbares par des garnisons romaines. Il résulte de l'examen que j'ai fait de toutes les inscriptions grecques recueillies sur les temples de la Nubie par Burckhardt, MM. Legh, Light, Cailliaud, et sur-tout par M. Gau, qu'on n'en a point trouvé de *païennes* au-delà du temple de Méharrakah (2) : ainsi les inscriptions païennes cessent là où

Voyez mes *Recherches pour servir à l'histoire de l'Égypte*, pag. 372.

(1) Cette synonymie, déjà reconnue des géographes, est confirmée par une inscription du recueil de M. Gau, où j'ai distingué le mot *Hiera-Sycaminos*.

(2) Il faut excepter, 1.° celle que

finissent les itinéraires romains, et où s'arrêtoit la limite de l'empire.

On a tout lieu de croire que la langue grecque dut pénétrer assez difficilement parmi les peuples de la vallée du Nil, depuis Primis jusqu'à Méroé. Presque tout le commerce de l'Éthiopie se fit par mer, sous les Lagides et sous les empereurs. Sans doute les Nubiens apportoient quelques denrées aux marchés des villes de la basse Nubie et de la haute Égypte; mais, dans ces relations des Nubiens et des naturels de l'Égypte, la langue grecque ne jouoit probablement aucun rôle. D'une autre part, il est à peu près certain qu'il n'exista par la voie de terre aucune de ces relations commerciales capables d'établir des rapports constans entre les Grecs et les Nubiens supérieurs : on est en droit de conclure d'un passage de la seconde inscription d'Adulis (1), que la route de terre entre Axum et l'Égypte, le long de l'Astaboras et à travers le désert, fut établie sous le règne du prince qui a fait graver cette inscription : mais il paroît que cette route fut très-peu fréquentée des commerçans; car, encore au temps des empereurs Justin et Justinien, les marchands romains, pour venir à Adulis, prenoient la route d'Arabie, et, arrivés dans le pays des Homérites, traversoient le golfe en face de cette ville.

Johann. apud Assem. Bibl. or. I, 360. — Malala, II, p. 163.

Au témoignage de Pline, des voyageurs grecs, Dalion, Aristocréon, Basilis, Simonide le jeune, pénétrèrent dans l'intérieur, et l'un d'eux s'avança même jusqu'au-delà de

M. Bankes a trouvée sur une jambe d'un des colosses d'Ibsamboul, et qui est du temps du second Psammitichus, c'est-à-dire, antérieure de plus de deux siècles à la domination grecque; 2.° quelques noms isolés inscrits à diverses époques par des voyageurs.

(1) Πεζεύεσθαι ἐποίησα τὴν ὁδὸν ἀπὸ τῶν τῆς ἐμῆς βασιλείας τόπων μέχρι Αἰγύπτου.

Plin. VI, 29, p. 344, 345. Méroé. Mais Pline, le seul auteur ancien qui parle de ces voyageurs, ne laisse nullement entrevoir que leur expédition eût pour objet la conquête de la Nubie, comme on l'a dit; et Strabon, qui paroît faire allusion à ces voyages, n'y voit d'autre but que celui de satisfaire la curiosité de *Strab. XVII, p. 789.* Ptolémée Philadelphe. C'étoient des entreprises individuelles et qui ne tenoient peut-être à aucun système de conquête et de colonisation; car, quoique le fait soit probable, il n'existe pourtant aucune preuve que les Ptolémées aient porté leurs armes dans la Nubie supérieure, et aient soumis cette contrée à leur empire (1). Du reste, malgré *Quæst. natur. VII, 8, 3.* les diverses excursions dont parlent Pline et Sénèque (2), la géographie de l'intérieur des contrées situées au midi de l'Égypte resta environnée de beaucoup d'incertitude; il suffit, pour s'en convaincre, d'essayer de faire de la géographie positive, c'est-à-dire, une carte passable, soit avec la carte de Ptolémée, soit avec les renseignemens vagues et incomplets, quoique nombreux, que Pline a tirés des relations de ces voyageurs, soit enfin avec ceux qu'avoient rapportés les explorateurs chargés par Néron de reconnoître et mesurer le cours du Nil: il n'y a presque rien dont un géographe puisse se servir parmi tous ces rap-

(1) Le ἀποτέμνεται... κελαινῶν τ' Αἰθιόπων de Théocrite (*XVII, 87*) ne doit s'entendre que des colonies établies dans la Troglodytique. Dans le passage où Diodore de Sicile dit que Ptolémée Philadelphe est le premier qui fit une expédition guerrière en Éthiopie (*I, 37*), Wesseling, sur l'autorité de Pline, pense qu'il ne s'agit encore que de l'expédition qui soumit à Ptolémée Philadelphe les points principaux de la Troglodytique, d'où il tiroit les éléphans pour ses armées.

(2) A l'une de ces expéditions se rapporte sans doute l'inscription latine trouvée par M. Gailliaud à l'ancienne Méroé, et que j'ai expliquée à la page 375 du tome III de son Voyage.

ports, qui ne s'accordent ni entre eux, ni avec les notions assez exactes que nous possédons maintenant sur ces contrées. Mais, quel qu'ait été le résultat géographique de ces voyages, toujours sera-t-il certain qu'ils n'auront pu contribuer à répandre une langue étrangère en Nubie; tout au plus leur attribuera-t-on d'avoir donné au roi de Méroé, Ergamène (1), ces notions de gouvernement qui lui auront fait sentir l'absurdité du despotisme sacerdotal auquel il étoit forcé de se soumettre : mais peut-être n'a-t-il pas eu besoin des lumières des Grecs pour détruire un système qui donnoit aux prêtres le droit de commander au souverain de mourir aussitôt qu'il avoit cessé de leur plaire. *Diodor. Sic. III, 6.*

Toutes les probabilités historiques me semblent donc se réunir pour montrer que la langue grecque n'a dû s'introduire en Nubie qu'avec le christianisme, qui y porta les livres saints et les liturgies écrits dans cette langue. A l'appui de ces probabilités je puis citer une observation qui correspond à celle que j'ai faite un peu plus haut. J'ai dit qu'on n'a trouvé d'inscriptions grecques *païennes* en Nubie qu'entre Philes et Hiera-Sycaminos; j'ajouterai maintenant que, parmi les inscriptions (et il en existe un assez grand nombre) copiées par différens voyageurs entre Méharrakah et Wady-Halfah, et par M. Cailliaud, dans la haute Nubie, je n'en ai trouvé aucune qui n'appartienne évidemment à l'époque du christianisme. Celles que M. Cailliaud a découvertes sont, pour la plupart, des noms de prêtres et d'évêques : dans cinq de ces fragmens, *Page 52.*

(1) La physionomie grecque du mot *Ergamène* est due sans doute à quelqu'une de ces altérations au moyen desquelles les Grecs avoient l'usage de ramener les noms étrangers à l'analogie de leur langue.

qu'il a copiés à Méçaourah, qu'on croit être l'île de Méroé, il se trouve des noms propres malheureusement défigurés, mais suivis de lettres où je distingue les mots ΒΑϹΙΛΕΥϹ ΑΙΘΙΟΠΙΑϹ; ce sont donc des commencemens d'inscriptions où les rois chrétiens de la Nubie avoient sans doute, comme Silco, consigné le récit de quelque expédition, ou bien déposé leur hommage religieux dans ces temples antiques, alors convertis en églises chrétiennes. S'ils faisoient usage du grec, c'est que cette langue, étant celle que parloient les prêtres qui vinrent convertir les Nubiens au christianisme, et celle des livres saints et des prières, étoit devenue, comme le latin en Occident, la langue de la religion. Non-seulement les prêtres nubiens, mais les rois eux-mêmes, s'en servoient pour tous les actes religieux ou publics. Dans une inscription chrétienne très-fruste trouvée au temple d'Essaboua, je distingue la date de l'an 470, qui, comptée de l'ère des martyrs, répond à l'an 753 de notre ère; mais l'usage du grec, comme langue de la religion, subsista bien plus tard, puisqu'un auteur arabe, Abou-Sélah, nous apprend que, de son temps, la liturgie des Nubiens et toutes leurs prières étoient encore en grec. Ce dernier fait se coordonne très-bien avec les inscriptions de Méçaourah, et avec celle de Silco, rédigée sans doute par un des prêtres qui l'accompagnèrent dans son expédition.

Gau, Antiq. de la Nubie, pl. 44, D.

Abou-Sélah, cité par M. Et. Quatremère, Mémoires géograph. t. II, p. 37.

D'après les observations contenues dans cette section de mon Mémoire, on devine maintenant sans peine pourquoi l'inscription de Silco, à côté des fautes grossières qui décèlent un étranger, présente les formes du grec byzantin au VI.e siècle.

En effet, jusqu'à l'époque de la conquête de l'Égypte par les Arabes, les communications furent assez fréquentes entre Constantinople et Alexandrie, pour que les modifications successives qu'éprouva la langue grecque dans la première de ces villes, influassent promptement sur l'idiome alexandrin. D'un autre côté, dès que le christianisme se fut introduit en Nubie, les relations de l'église d'Alexandrie avec les chrétiens de cette contrée furent très-multipliées, et nous savons que les patriarches d'Alexandrie étoient en communication directe avec les rois de Nubie et d'Abyssinie. Le grec du clergé nubien fut cet idiome mélangé d'expressions latines, de tournures empruntées à la Bible, de termes et de formes antiques qui s'étoient conservés dans la langue populaire, idiome qu'on a nommé *ecclésiastique,* et d'où est dérivé en grande partie le grec littéral moderne : on a vu qu'en effet l'inscription de Silco nous offre le plus ancien exemple connu de quelques-unes des formes du langage que parlent les habitans actuels de la Grèce.

C'est également par les relations de Constantinople et d'Alexandrie avec les habitans de la vallée supérieure du Nil, qu'on peut, je crois, expliquer d'autres faits analogues : tels sont, 1.° l'usage du comput par *indictions*, que je retrouve employé, concurremment avec le calendrier égyptien, dans une inscription chrétienne copiée en Nubie (fait d'autant plus naturel, que l'usage des indictions se montre dans les papyrus gréco-égyptiens dès le milieu du IV.[e] siècle : on peut citer un acte d'affranchissement publié par M. le Dr Young, et deux contrats des règnes de Maurice et d'Héraclius, au Musée royal égyptien); 2.° le

Vidua, Inscrip. antiquæ, tab XIX, n.° 2.

caractère de l'architecture des débris d'églises chrétiennes en Nubie, dessinés par M. Gau, qui annoncent le style byzantin des VI.ᵉ et VII.ᵉ siècles; 3.° l'existence de la curieuse table horaire trouvée dans le temple de Téfah (ancienne *Taphis*). Il résulte des chiffres marqués sur cette table, que les proportions entre la longueur de l'ombre et celle du gnomon sont les mêmes qu'on trouve dans d'autres tables horaires dressées pour Constantinople et la Grèce vers les V.ᵉ et VI.ᵉ siècles de notre ère; d'où l'on peut tirer la conclusion qu'elles se rapportent toutes à une sorte de cadran universel employé à cette époque dans les diverses contrées de l'Orient qui avoient adopté le christianisme. Ce modèle de cadran passa de Constantinople jusque dans les églises de la Nubie, et les mêmes tables servirent à régler les heures des offices et des prières dans des contrées si distantes les unes des autres, mais unies par les liens de la communion chrétienne.

Gau, Antiquités de la Nubie, pl. 53, C.

Le même, pl. 11.

Voyez mon *Mémoire sur la table horaire de Téfah, dans les Nouvelles Ann. des voyag. XVII, p. 357 suiv.*

En résumé, l'emploi du grec me paroît devoir s'expliquer dans les inscriptions d'Adulis et d'Axum par les relations commerciales des Grecs et par l'introduction de leur culte religieux en Abyssinie; dans les inscriptions de la Nubie, par l'introduction du christianisme.

Voilà du moins les résultats auxquels me semble conduire l'examen attentif de tous les faits qui se rattachent à ce sujet. La seule observation que le roi nubien Silco étoit un chrétien, donne à l'inscription de Talmis beaucoup plus d'importance qu'elle n'en paroissoit avoir. Ce n'est plus seulement le récit des insignifiantes victoires d'un roi obscur; c'est désormais un document précieux qui peut servir à expliquer et à lier un grand nombre de faits qu'on ne comprenoit pas bien, ou qu'on n'avoit pas réussi a coordonner entre eux.

J'ai dû développer toutes les conséquences de cette observation et suivre les lueurs diverses qu'elle m'a paru répandre sur plusieurs points historiques et géographiques: peut-être en est-il quelques-unes de trompeuses; peut-être plusieurs des conjectures auxquelles je me suis laissé conduire seront détruites par des faits qui seront connus plus tard. C'est un malheur dont je me consolerois facilement, si mon travail pouvoit contribuer à les faire découvrir, en éveillant l'attention des voyageurs qui parcourront désormais la Nubie, et en excitant leur intérêt pour les inscriptions grecques chrétiennes, très-nombreuses dans cette contrée, mais qu'on a peut-être jusqu'ici trop négligé de recueillir.

DEUXIÈME MÉMOIRE.

OBSERVATIONS

Sur l'époque où le Paganisme a été définitivement aboli à Philes dans la Haute-Égypte;
Sur le rôle que cette île a joué entre les règnes de Dioclétien et de Justinien; et sur l'origine et l'emploi de l'ère de Dioclétien ou des Martyrs;
A l'occasion de quatre Inscriptions inédites des Ve et VIe siècles.

ON sait maintenant de quelle importance sont les inscriptions grecques et latines de l'Égypte pour la connoissance de l'état de ce pays sous la domination des Grecs et des Romains. Parmi celles qu'on y découvre journellement, il en est fort peu qui, une fois restituées autant qu'elles peuvent l'être, ne servent à faire ressortir des notions inconnues jusqu'alors, à expliquer des faits qu'on ne pouvoit comprendre, ou à suggérer des vues nouvelles sur plusieurs points d'histoire et de chronologie.

Au nombre des plus précieuses entre ces inscriptions, il faut compter celles qui se rapportent à l'époque où la religion égyptienne, qui duroit depuis tant de siècles, fit place au christianisme, et où les antiques temples d'Isis, d'Osiris et d'Ammon furent convertis en églises.

Leur utilité pour la connoissance de cette époque mémorable nous a été révélée par l'inscription que le roi nubien Silco avoit déposée dans le temple de Talmis en Nubie. Cette inscription, qu'on avoit crue païenne, a été examinée dans le précédent Mémoire, et il a été prouvé qu'elle appartenoit au christianisme; depuis, elle est devenue un document précieux qui répand un jour tout nouveau sur deux faits dignes de l'attention du philologue et de l'historien, je veux dire l'introduction de la langue grecque et celle du christianisme dans les contrées situées au midi de l'Égypte.

Dans le Mémoire cité, j'ai établi que les Blémyes, peuple limitrophe de l'Égypte, étoient encore païens à l'époque où les Nubiens, placés plus au sud, avoient déjà reçu le bienfait du christianisme, et après que le temple d'Isis à Philes fut devenu une église chrétienne.

Il résulte de plusieurs passages de Priscus, de Marinus et de Procope, que le fameux temple d'Isis à Philes resta consacré au culte égyptien jusque dans la seconde moitié du VIe siècle, plus de cent soixante ans après la publication de l'édit de Théodose qui, de l'aveu de tous les historiens, abolit *définitivement* la religion égyptienne, et détruisit ou força d'abandonner les temples et les convertit en églises.

Quelque singulier, quelque contraire à toute probabilité historique que dût paroître un tel fait, il étoit impossible de le révoquer en doute, puisqu'il reposoit sur des témoignages contemporains d'une autorité incontestable. Je m'en servis donc avec une entière confiance pour déterminer l'époque de l'inscription du roi nubien

Silco, et celle de plusieurs faits relatifs à l'histoire de l'établissement du christianisme dans ces contrées.

Les diverses inductions auxquelles j'ai été conduit dans le Mémoire déjà cité, se trouvent maintenant confirmées par trois inscriptions inédites que M. Ch. Lenormant a copiées à Philes lors de son passage en 1829. Elles sont importantes, en ce qu'elles servent à expliquer très-bien la durée extraordinaire du culte d'Isis dans cette île, et qu'elles fournissent la date de trois inscriptions chrétiennes, qui avoient été précédemment copiées par MM. Jomard, Jollois [a] et Gau [b]. J'avois annoncé qu'elles sont postérieures au règne de Justinien [c] : le fait est à présent certain.

Des trois inscriptions inédites, deux sont païennes, une seule est chrétienne. Je les embrasse toutes les six dans ce Mémoire, parce qu'elles s'expliquent les unes par les autres, et qu'il ressort de leur examen comparé un ensemble de faits qui tiendront désormais leur place dans cette partie si importante de l'histoire du Bas-Empire.

[a] *Description de l'Egypte, Antiq. pl. 54, nos 11, 12, 13.*

[b] *Antiquités de la Nubie, pl. XII, nos 47, 48, 49.*

[c] *Ci-dessus, pag. 42.*

SECTION Ire.

INSCRIPTIONS PAÏENNES.

§ Ier. *Texte et Explication.*

De ces deux inscriptions, l'une est gravée sur le jambage gauche de la porte d'une chambre supérieure dans le temple d'Isis ; l'autre, sur le plan même de la terrasse du temple.

Je commence par la première, dont voici la copie, la restitution et la traduction.

1°. p. 69 à 86.
2°. p. 101 à 110.
3°. [illegible]

ΤΟΠΡΟϹΚΥΝΗΜΑ	τὸ προσκύνημα
ϹΜΗΤΧΗΜωΠΡωΤΟ	Σμητχὴμ ὁ πρωτο
ϹΤΟΛΙϹΤΗϹЄΚΠΑΤΡΟϹ	στολιστὴς, ἐκ πατρὸς
ΠΑΧΟΥΜΙΟΥΠΡΟΦΗ	Παχουμίου προφή
ΤΟΥΜΗΤΡΟϹΤϹЄΝ	του, μητρὸς Τσεν
ϹΜΗΤЄΓЄΝΑΜΗΝ	σμήτ· ἐγενάμην
ΠΡωΤΟϹΠΟΛΙϹΤΗϹ	πρωτοστολιστὴς
ΙΠΙ ΡΞЄ (1) ΔΙΟΚΛΗΤΙ	ἔτει ΡΞЄ Διοκλητι[ανοῦ]·
ΗΛΘΑЄΝΤΑΥΘΑ	ἦλθα ἐνταῦθα,
ΚΑΙЄΠΟΙΗϹΑΤΟ	καὶ ἐποίησα τὸ
ЄΡΓΟΝΜΟΥΑΜΑ	ἔργον μου ἅμα
ΚΑΙΤΟΥΑΔЄΛΦΟΥ	καὶ τοῦ ἀδελφοῦ
ΜΟΥϹΜΗΤΟΔΙΑΤΟ	μοῦ Σμὴτ, ὁ διάτο
ΧΟϹΤΟΥΠΡΟΦΗΤΟΥ	χος τοῦ προφήτου
ϹΜΗΤΧΙΟϹΠΑΧΟΥΜΙΟΥ	Σμήτχιος Παχουμίου
ΠΡΟΦΗΤΟΥЄ. . . ΑΡΙϹ	προφήτου· ἐ[μοὶ χ]αρίσ
. . . .	[ωνται ἡ δέσποινα]
ΗΜωΝΙϹΙ. . . . ΟΔЄϹ	ἡμῶν Ἶσι[ς καὶ] ὁ δεσ
ΠΟΤΗΗΜ. . . . . ΙΡΙϹ	πότης ἡμ[ῶν Ὄσ]ιρις
ЄΠΑΓΑΘω. . . . . ΡΟΝ	ἐπ' ἀγαθῷ· [σήμε]ρον,
ΧΟΙΑΚ ΚΓ.	χοϊὰκ ΚΓ [ἔτει ΡΞЄ]
ΔΙΟΚΛΗ. . . . ΝΟΥ	Διοκλη[τια]νοῦ.

Ceci est le proscynème (2) de Sinetchem le protostoliste : mon

(1) La lettre Є est douteuse : M. Lenormant soupçonne que l'Є est un Θ, dont la courbe est effacée ; il croit même se souvenir qu'il en reste quelques traces. Si cette leçon est la vraie, comme je le pense, elle devoit se trouver aussi à la fin, l. 21. Dans ce cas, l'année seroit 169 et non 165.

(2) Je francise le mot προσκύνημα, n'en trouvant pas qui rende exactement l'idée.

père est Pachumios prophète, ma mère Tsensmet; j'ai été protostoliste la cent soixante-cinquième ~~(ou neuvième)~~ année de Dioclétien. Je suis venu ici, et j'ai rempli ma fonction en même temps que mon frère Smet, successeur du prophète Smetchis, fils de Pachumios, prophète.

Puissent m'être favorables notre maîtresse Isis et notre maître Osiris !

Pour un bien, [écrit] cejourd'hui 23 chœak de l'an 165 (ou 169) de Dioclétien.

Au premier coup d'œil, on remarque dans ces inscriptions, comme dans celles de ~~Gartas~~ en Nubie, des fautes graves quant à l'emploi des cas, à la formation des temps des verbes, au régime des prépositions; ces fautes nous présentent de nouvelles preuves de la dégénération du grec parlé en Égypte. ~~On peut voir, à ce sujet, les observations de Niebuhr dans son *Mémoire sur la langue grecque en Égypte*. Je n'insisterai pas davantage sur ce point.~~

Dans Gau, Antiq. de la Nubie, pag. 25 et suiv.

Cette inscription est complète jusqu'à la seizième ligne. La dix-septième manque absolument, et quatre ou cinq lettres ont été enlevées dans les cinq dernières lignes; mais les traits conservés permettent de restituer avec certitude et la ligne perdue et les lacunes.

Selon l'usage de ces sortes d'inscriptions, les noms qui suivent le mot *προσκύνημα* en sont le complément, et doivent être au génitif. Il s'ensuit que *ϖρωτοστολιστής* est une faute pour *πρωτοστολιστοῦ*. Le personnage qui est l'auteur du *προσκύνημα* se nomme *Σμηλχήμ*, comme on le voit par l'autre inscription, et non *Σμητχημώ*: il est clair que l'*ω* est ici, par erreur, pour l'article *ὁ* devant le qualificatif *πρωτοστολιστής*, pour *τοῦ ϖρωτοστολιστοῦ*;

c'est ainsi que, plus bas, ligne 13, on trouve ὁ διάδοχος pour τοῦ διαδόχου. La même faute se rencontre dans les inscriptions de Gartas, écrites en grec par des Égyptiens : on y lit τὸ προσκύνημα Ψενθάνσις καὶ τῇ μητεί, au lieu de Ψενθανόσιος καὶ τῆς μητρός. Dans une inscription de Dekké, du règne d'Alexandre-Sévère, on lit τὸ προσκύνημα Πετένσις pour Πετενόσιος. Ces exemples suffisent.

Gau, Antiq. de la Nubie, pl. XIII, n° 28.

Une autre phrase commence avec ἐγενάμην (ligne 6); faute pour ἐγενόμην ou ἐγεννήθην, analogue à celle qu'on trouve dans une des inscriptions de Gartas, où γενάμενος est pour γενόμενος. Cependant γενάμενος se lit plusieurs fois dans Archimède.

Buttmann, Ausführl. griech. Gramm. II, 96.

A la ligne 8, on ne sait s'il faut lire ἐπὶ ou bien ἔτι pour ἔτει, orthographe qui se rencontre déjà dans des papyrus du temps des Ptolémées. Je préfère la deuxième leçon. Du reste, la chose a peu d'importance : ce qui en a davantage, c'est l'énoncé de la date, marquée en années de Dioclétien. J'y reviendrai plus bas.

La troisième phrase commence (l. 9) par le mot ἦλθα, qui est pour ἦλθον. Cette forme paroît appartenir au dialecte macédonien ; on trouve dans les Septante ἦλθαν, εἰσήλθατε, ἐξῆλθαν : sur quoi l'on peut voir M. Sturz.

De dial. macedon. p. 32, 34; et ad Maitt. pag. 292.

Ligne 11, ἅμα καὶ τοῦ ἀδελφοῦ est pour ἅμα καὶ τῷ ἀδελφῷ, et pour μετὰ τοῦ ἀδελφοῦ. La confusion des prépositions et l'oubli de leur véritable régime sont le caractère du mauvais grec des inscriptions de Gartas. Le nominatif ὁ διάδοχος, au lieu du génitif, a été remarqué déjà. Le τ pour δ, dans διάτοχος, se rencontre sur d'autres monumens grecs de l'Égypte, notamment dans un papyrus du règne d'Héraclius.

Recherches &c. p. 474. — Villoison, 2e Lettre sur l'inscript. de Rosette, p. 21.

Le prophète Smet ou Smetchis, étant aussi fils du prophète Pachumios, comme le protostoliste Smetchem, étoit frère de ce dernier. Le protostoliste auroit donc dû, à ce qu'il semble, s'exprimer ainsi : « J'ai rempli ma fonction » avec mon frère Smet, successeur de mon autre frère le » prophète Smetchis. » Il a dit, au contraire : « . . . . . avec » mon frère Smet, successeur du prophète Smetchis, fils » de Pachumios. »

Quoi qu'il en soit, nous avons ici des individus d'une même famille égyptienne, exerçant divers degrés des fonctions religieuses dans le temple d'Isis. Ce sont :

Pachumios, prophète;

Smet ou Smetchis, son fils aîné, prophète;

Smet, qui avoit succédé à celui-ci, son autre fils;

Smetchem, protostoliste, également son fils.

Tous ces noms sont purement égyptiens. Le nom de la mère, *Tsensmet*, signifie *fille de Smet*; d'où l'on voit que le nom des fils est tiré de celui de leur aïeul maternel. Le nom *Smetchem* doit signifier *Smet le noir.*

Les fonctions sacerdotales exercées par le père et deux de ses enfans sont celles de *prophète;* par le troisième, celles de *protostoliste.*

On ne sait pas au juste ce qu'étoit le prophète dans le sacerdoce égyptien : on sait seulement qu'il tenoit une des principales places dans la hiérarchie. Dans l'inscription de Rosette, les prophètes viennent après les *archiprêtres* [ἀρχιερεῖς] : ils tiennent aussi un rang d'honneur dans la procession décrite par Clément d'Alexandrie[a]. Olympiodore[b], en parlant des Blémyes, donne à leurs prêtres le nom de *prophètes*, qu'il paroît prendre pour synonyme

Drumann, Untersuch. über Ægypten, u. s. w. S. 97, ff.

[a] Strom. V, p. 634.

[b] Ap. Phot. pag. 114, ed. Hœsch. — P. 62, col. 1, l. 11, ed. Bekk.

de prêtres, ἱερεῖς. En est-il de même ici? je ne le pense pas.

Quant au *protostoliste*, ce nom jusqu'ici ne s'est pas encore rencontré : mais on a celui de *stoliste*, dont se servent Plutarque [a] et Clément d'Alexandrie; il revient à ἱεροστόλος du même Plutarque [b], à ἱεροστολιστής de Porphyre [c], mots dont on avoit formé celui de ἱεροστολικά [d], qui désignoit un des ouvrages attribués à Orphée. En place de ces mots, le rédacteur de l'inscription de Rosette se sert de la périphrase [e], « ceux qui entrent dans l'*adyton* » pour l'habillement des dieux » [πρὸς τὸν στολισμὸν τῶν θεῶν]. Les *stolistes* étoient donc chargés d'*habiller les dieux*, c'est-à-dire, de les revêtir de leurs ornemens caractéristiques dans les jours de fête. C'est la classe de prêtres que Julius Firmicus Maternus [f] appelle *vestitores simulacrorum divinorum*, ou *deorum vestitores*. Le *protostoliste* étoit le chef des stolistes dans le temple d'Isis. Ce mot doit avoir le même sens que ἀρχιστολιστής. Au temple de Philes, cette fonction devoit être importante. M. Champollion et M. Lenormant m'ont dit avoir observé, auprès de toutes les figures d'Isis, des *trous* qui, d'après leur place, n'ont pu servir qu'à attacher les vêtemens postiches dont on couvroit ces figures dans certaines solennités : c'est cette opération que l'on confioit sans doute aux *stolistes* et aux *protostolistes*.

Les sept dernières lignes de l'inscription, après le mot προφήτου, sont extrêmement maltraitées; néanmoins la restitution que j'en ai faite me paroît certaine : cependant je ne garantis pas qu'il n'y avoit point χαρίσαντος au lieu de χαρίσωνται; mais cela ne fait rien au sens. Le nom d'Isis précède celui d'Osiris, comme dans toutes

[a] De Iside et Osir. p. 366.
[b] Id. ib. p. 352.
[c] De abstin. IV, 8, p. 321, Rh.
[d] Cf. Lobeck, Aglaopham. I, pag. 371.
[e] Lig. 7.
[f] III, 11, n. 9.

~~a été mais ne doit être~~
~~dans le corps de l'inscription~~

On ne peut la suppléer ; elle doit être moyenne entre l'an 165 exprimé dans le corps de l'inscription, comme étant celle où Smetchem est devenu protostoliste et l'an 169 époque de son second proscynème (N° .) qui fut écrit le 15 Choïak ; celui qui a été écrit auparavant est du 23 Choïak ; il est clair que l'année est 166, 167, ou 168. M. Lenormant a laissé dans le doute si c'est un Є ou un Θ qu'il y a sur la pierre dans l'expression de cette date ΡΞΕ ; je parie que c'est à coup sûr un Є

les inscriptions de Philes, où le dieu Osiris n'étoit qu'en seconde ligne, au point que souvent même on n'en faisoit pas mention. C'est, je crois, la première fois que ces deux divinités reçoivent les noms de δεσπότης, δέσποινα ἡμῶν : dans toutes les inscriptions on ne trouve que κύριος et κυρία, qui ont un sens analogue, mais moins fort. L'exagération toujours croissante des formes d'adulation ou des titres de chancellerie avoit introduit, à partir du règne de Dioclétien (1), le titre de δεσπότης ἡμῶν, qui remplaça le κύριος dont les empereurs s'étoient contentés jusqu'alors. Les chrétiens eux-mêmes ne balancèrent pas à les désigner ainsi, c'est-à-dire, à leur donner le même titre qu'à Jésus-Christ, dont le nom, dans les monumens chrétiens des premiers siècles, est accompagné des mots δεσπότης ἡμῶν. Les païens ne purent rester au-dessous de ces formes adulatrices ; du moment qu'ils saluoient les empereurs du titre de δεσπότης ἡμῶν, ils devoient traiter Isis et Osiris au moins avec autant de révérence.

Il ne reste plus que trois lignes ; leur restitution laisse peu de doute. L'emploi si fréquent du mot σήμερον, avant l'énoncé de la date, ne permet pas d'hésiter sur le mot dont les lettres PON sont la fin. Le quantième du mois est conservé ; mais l'année manque.

A cette époque, le calendrier fixe étoit établi dans toute l'Égypte : on se servoit encore quelquefois, dans les IIe et IIIe siècles, du calendrier vague ; mais alors on ajoutoit

(1) Villoison (2e *Lettre sur l'inscription de Rosette*, pag. 13) semble rapporter l'introduction de ces titres au règne de Constance ; mais on trouve dans Banduri la preuve qu'il faut remonter jusqu'à Dioclétien pour trouver le commencement de leur usage.

κατ' Αἰγυπτίους ou κατ' ἀρχαίους. L'absence de cette addition ne permet pas de voir ici autre chose que l'usage du calendrier fixe. Le 23 chœak tombe au 19 décembre, à quelques jours du solstice d'hiver. J'ai déjà remarqué, dans mon Mémoire sur la *table horaire* de Taphis, qui est un monument chrétien, que le semestre qu'elle contient s'étend de phaophi à phaménoth, c'est-à-dire, de l'équinoxe d'automne à celui du printemps : la table correspondante, qui est maintenant détruite, devoit s'étendre de pharmuthi à thoth ; ce qui donne une division de l'année par les équinoxes. Sur cette division pouvoient être réglés, non-seulement les travaux agricoles, mais encore le commencement et la fin de certains emplois civils et religieux. Cependant il s'agit probablement ici de tout autre chose, comme on va le voir.

Nouv. Annales des voyages, t. XVII.

La seconde inscription concerne des individus de la même famille. Elle forme, à dire vrai, deux inscriptions distinctes, gravées sur la terrasse même du temple.

[*Deux pieds vus par la plante.*]

Et au-dessous on lit :

ΠΟΔΑΣΣΜΗΤΧΗΜΕΚΠΑΤΡΟΣ
ΠΑΧΟΥΜ ΠΡ . ΦΗΤ . ΣΙΟΥΔΟΣ
ΦΙΛΩΝ
ΣΜΗΤΧ . . . . ϽΠΡΩΤΟΣΤΟΛΙΣΤΗΣ
ΥΙΟΣΠ . . . . ΙΟΥΠΡΟΦΗΤΟΥ
ΧΟΙΑΚΪΕ
ΡΞΘ ΔΙΟΚ

Pieds de Smetchem, fils de Pachumios, prophète d'Isis de Philes.

Smetchis, le protostoliste, fils de Pachumios, prophète, le 15 de chœak, l'an 169 de Dioclétien.

Le mot πόδας est peut-être simplement une faute, au lieu de πόδες, à moins que ce mot ne soit le régime de ἐχάραξε sous-entendu. Les lettres CIOΥΔOC ΦIΛωN représentent-elles εἰς οὖδος Φιλῶν [pieds de Smetchem] *sur le sol de Philes !* L'expression inusitée οὖδος pour οὖδας seroit bien recherchée pour un tel homme ; peut-être y a-t-il simplement ICIΔOCΦIΛωN. Dans une inscription de Philes donnée par M. Gau, on lit :

ΠΑΡΑΤΗIPCPIºΛICIΛI, c'est-à-dire,	παρὰ τῇ κυρίᾳ Ἴσιδι
ΦIΛωNKAI	Φιλῶν καὶ
ABΛIOΥKAI..	Ἀβάτου καὶ
TOCCΥN.AOIC	τοῖς συννάοις
HOCCIIAΓ	θεοῖς, ἐπ' ἀγ[αθῷ]

et, dans une autre, que m'a communiquée M. Lenormant,

ΠΑΡΡΑΤΗΚΕΙΡΙωΜ.Ν	παρὰ τῇ κυρίᾳ ἡμῶν (1)
ICITωCΦIΛωN	Ἴσι τῇ (2) Φιλῶν
KAIABATOΥ	καὶ Ἀβάτου.

La date 169 appartient également aux deux parties de l'inscription : elle seroit de quatre ans postérieure à celle de la première, si l'on admet la leçon PΞЄ dans celle-ci. Ces deux inscriptions se rapporteroient, dans ce cas, à un second séjour que Smetchem et son frère Smetchis auroient

(1) A moins qu'on n'aime mieux lire μυριωνύμῳ, épithète d'Isis; la leçon ἡμῶν me plaît davantage.

(2) Ou Ἴσιτι pour Ἴσιδι; à moins que ICITωC ne soit une faute pour Ἴσιδος, génitif qui seroit aussi mal placé que le nominatif dans la première inscription de Smetchem (*p. 65*).

fait au temple d'Isis quatre ans après, le premier pour un motif qu'il n'exprime pas, le second pour y exercer la fonction de protostoliste que son frère avoit exercée déjà.

Les pieds qui accompagnent chacune des deux inscriptions me paroissent être un symbole équivalent à ce qui se lit dans la première, ἦλθα ἐνταῦθα, *je suis venu ici*. On trouve souvent en Égypte de ces pieds gravés sur des portions d'édifice, au-dessus ou à côté d'inscriptions égyptiennes, grecques ou coptes ; leur objet semble avoir été de marquer la venue du personnage qui a écrit son nom. On a pensé que cette image pourroit être une sorte d'*ex-voto* en mémoire de la guérison d'un mal au pied opérée par la puissance du dieu : mais le grand nombre de représentations de même genre exclut cette hypothèse.

On ne doit pas négliger de remarquer que la date est celle du mois de chœak, comme dans la première inscription. En raisonnant dans l'hypothèse de la leçon PΞЄ, nous en concluons que le commencement et la fin de ces fonctions sacerdotales avoient lieu dans le même mois, à peu de distance du solstice d'hiver.

Mais, si la leçon PΞΘ [169], au lieu de PΞЄ [165], est dans la première ainsi que dans la deuxième inscription, comme il y a lieu de le présumer d'après l'observation de M. Lenormant, ces conséquences seroient modifiées, et d'une manière trop remarquable pour qu'on néglige d'en faire ici l'observation. Dans ce cas, en effet, les deux inscriptions seroient de la même année. La première étant du 23 chœak, et l'autre du 15 du même mois, celle-ci auroit été écrite la première. La trace des pieds indiqueroit l'arrivée de Smetchem ; dans l'autre, on auroit l'époque

Ci-dessus, pag. 64, note 1.

où, après avoir achevé sa fonction [καὶ ἐποίησα τὸ ἔργον], il se disposoit à partir ; ce qui ne laisse qu'une durée de huit ou neuf jours aux fonctions qu'il venoit remplir, lesquelles consistoient à *vêtir* [στολίζειν] les figures d'Isis de leurs habits de cérémonie pour la fête qui se préparoit. Ces fonctions ayant duré du 11 au 19 décembre, c'est-à-dire, depuis le seizième jusqu'au huitième jour avant le solstice d'hiver, nous avons, pour l'époque de la fête même d'Isis, un jour voisin, ou peut-être le jour de ce solstice : or on sait par plusieurs textes anciens, notamment par Achillès Tatius [a], par Géminus [b] qui avoit tiré le fait d'Eudoxe, et par l'auteur du traité d'Isis et d'Osiris [c], que les fêtes d'Isis étoient célébrées *au solstice d'hiver ;* ces fêtes, dont l'objet étoit rattaché à la mort d'Osiris, avoient un caractère lugubre et funèbre; et probablement les statues d'Isis étoient alors habillées de noir, comme le bœuf qu'on promenoit dans ces cérémonies (1).

[a] Cap. XXIII, p. 85, in Uranol.

[b] Cap. VI.

[c] Pag. 366, et t. VII, p. 446, ed. Reiske.

Cette coïncidence remarquable donne beaucoup d'autorité à la leçon PΞΘ ; et je ne doute pas qu'elle ne soit confirmée par ceux des voyageurs qui porteront leur attention sur ce point. Dans tous les cas, cette incertitude ne s'applique qu'à la nature et à la durée des fonctions de notre *protostoliste ;* mais elle n'affecte en rien les conséquences historiques qui ressortent de la date de l'ère de Dioclétien, et que je vais développer en partant de l'hypothèse, qui ne me semble plus douteuse, que ces deux inscriptions sont de la même année.

(1) Καὶ βοῦν διάχρυσον ἱματίῳ μέλανι βυσσίνῳ περιβάλλοντες. (Plutarch. *de Iside et Osiride*, l. l.)

1\. Du Paganisme après l'édit de Théodose

§ II. *Observations historiques.*

Si ces inscriptions étoient du temps d'Adrien ou des Antonins, elles nous intéresseroient encore par les détails qu'elles nous font connoître; mais leur date les rend importantes.

Le mois de choeak de l'an 169 de Dioclétien donne le mois de décembre de l'an 453 de notre ère pour la date de ces monumens. C'est donc au milieu du ve siècle (environ soixante ans après l'édit de Théodose) que se rapportent ces inscriptions.

Or nous voyons que le culte d'Isis et d'Osiris s'exerçoit librement à Philes; qu'il y étoit encore confié à des familles égyptiennes. Bien loin de s'en cacher, elles s'en faisoient gloire; les desservans du culte d'Isis ne craignoient pas d'inscrire leurs noms et ceux des membres de leur famille dans une partie visible du temple, en marquant avec soin le degré qu'ils occupoient dans la hiérarchie sacerdotale. Rien n'annonce mieux un culte célébré ouvertement, sans crainte d'aucune persécution; et cela se passoit soixante ans après l'édit de Théodose. C'est précisément à cette époque qu'appartient le passage de Priscus cité plus haut. Ici nous devons insister sur le fait qui ressort de l'analyse de ces inscriptions, et le rapprocher du texte de cet historien, que ni le traducteur latin, ni Tillemont, ni Lebeau, n'ont parfaitement compris.

Pag. 35.

Cet historien rapporte que les Blémyes et les Nubiens, vaincus par les Romains sous la conduite de Maximin, général de l'empereur Marcien, envoyèrent à ce général des députés de l'une et l'autre nation pour traiter de la paix. Ce témoignage a d'autant plus de poids, que Priscus étoit, à cette époque, en Égypte, et qu'ami de Maximin il a dû connoître parfaitement tous les détails de cette guerre. Il rapporte donc que les barbares offrirent d'abord une paix qui devoit durer autant que Maximin resteroit en Thébaïde, ce qui fut refusé ; puis, tant qu'il vivroit, condition dont on ne voulut pas davantage. Il exigea de plus *une paix de cent ans*, qu'ils acceptèrent ; mais voici à quelles conditions : ils s'engagèrent à rendre sans rançon les prisonniers qu'ils avoient faits dans cette incursion et dans la précédente, ainsi que les bestiaux enlevés, et le prix de ceux qu'on avoit consommés ; ils demandèrent en retour qu'on leur permît, selon l'ancienne loi, κατὰ τὸν παλαιὸν νόμον, de se rendre, sans nul obstacle, au temple d'Isis, et de transporter chez eux, à une époque déterminée, les images de la déesse, pour en tirer des oracles, s'engageant à les ramener ensuite intactes dans le temple de Philes. Comme garantie, il étoit stipulé que le bateau portant les images révérées seroit sous la conduite d'Égyptiens. Maximin consentit à ces conditions ; et, jugeant que la vénération des barbares pour Isis devoit les mieux disposer à exécuter ces conditions, il voulut qu'elles fussent *ratifiées* dans le temple même (1). Leurs députés vinrent

(1) Ἐμπεδωθῆναι τοίνυν ἐν τῷ ἱερῷ τὰς συνθήκας τῷ Μαξιμίνῳ ἐπιτήδειον ὄν. Un des traducteurs latins, ne comprenant point le mot ἐμπεδωθῆναι, l'a rendu ridiculement par *conventiones cannis exaratas clavis ferreis revinctas, Maximino visum est.* Un autre a traduit, *hanc pactionem Philis affigi Maximino visum est*, version conservée par M. Classen dans l'édition de Niebuhr (p. 154). Ces versions ont trompé Tillemont (VI, 297) et Lebeau (t. VI, p. 328). Ce dernier dit que Maximin « fit *attacher l'original* du traité aux

en effet dans l'île signer avec empressement; et ils furent tellement satisfaits du traité, qu'ils donnèrent pour otages des hommes qui avoient été leurs chefs (1), et des enfans de chef : ce qu'ils n'avoient point encore fait en de pareilles guerres avec les Romains, auxquels ils n'avoient jamais donné de leurs enfans en otage.

Hist. des emp. t. VI, pag. 297.

Hist. du B. E. t. VI, pag. 328, ed. de M. Saint-Martin.

Il faut s'arrêter un moment sur ce passage. Tillemont s'étonne qu'il y eût encore des idoles d'Isis en Égypte; il s'étonne surtout de ce que le grand chambellan Maximin confirme par un article exprès l'acte religieux des Blémyes. Lebeau fait à ce général une sorte de reproche d'avoir été plus politique que délicat en matière de religion. Ni l'un ni l'autre ne paroît avoir entrevu le motif d'une condescendance qu'on peut, à bon droit, regarder comme forcée.

Priscus reporte à une *ancienne loi* le voyage que les statues d'Isis faisoient chez les peuples de la vallée supérieure du Nil. L'antiquité classique ne nous fournit aucun moyen de savoir jusqu'à quel point cet historien étoit bien instruit à cet égard : mais une inscription métrique de Philes, qui, d'après la forme des caractères et le style, est du temps d'Adrien, ou des Antonins au plus tard, c'est-

» murailles mêmes du temple. » Mais ἐμπεδοῦν σπονδὰς, ὅρκους, συνθήκας, sont des expressions connues dès le temps de Xénophon pour signifier βεβαιοῦν, ἀσφαλίζεσθαι, &c. L'auteur veut dire simplement que Maximin crut utile de choisir le temple même de Philes pour la ratification du traité.

(1) Ἦσαν δὲ τῶν τυραννησάντων καὶ ὑπὸ (l. ἀπὸ) τυράννων γεγονότων, ὅπερ οὐδὲ πώποτε ἔν τε τῷδε τῷ (f. ἐν τοιῷδε) πολέμῳ ἐγένετο· οὔ ποτε γὰρ Νουβάδων καὶ Βλεμμύων παρὰ Ῥωμαίοις ὡμήρευσαν παῖδες. Lebeau dit que ce fut la première fois que les Romains *reçurent des otages des Blémyes.* La phrase grecque dit que c'étoit la première fois que les barbares *donnoient non pas des otages*, mais *de leurs enfans en otage.*

~~à-dire, de deux siècles et demi ou trois siècles antérieure à l'époque dont parle Priscus~~, nous garantit l'existence de l'usage à cette époque, et nous donne de plus un curieux commentaire du passage de l'historien. C'est un témoin oculaire qui parle : « Étant arrivés à la belle » et vénérable île d'Isis, située à l'extrémité de l'Égypte, » en avant de l'Éthiopie, nous avons vu dans le Nil des » vaisseaux rapides qui rapportoient des *temples sacrés* de » la terre des Éthiopiens dans notre terre fertile en blé, » digne d'être vue, et que tous les hommes vénèrent (1). » Ces temples portés sur des vaisseaux, ce sont les édicules, παστοὶ ou παστοφορεῖα[a], le plus souvent dorés, ναοὶ χρυσοὶ, comme les appelle Diodore de Sicile (2), dans lesquels étoient renfermées les images de la déesse. On voit que l'auteur, Grec d'Égypte, se trouvoit à Philes au moment où les barques ramenoient d'Éthiopie les images d'Isis; et comme, au temps des Antonins, les rites religieux avoient subi peu de changemens, nous ne pouvons douter qu'il ne s'agisse réellement, comme le dit Priscus, d'un usage qui

Gau, Antiq. de la Nubie, pl. XII, nº 41.

[a] *Schleusner, Nov. Thesaur. Vet. Testam. h. v. — Gesenius, Comment. über den Iesaia, I, 60.*

(1) Niebuhr l'a restituée. M. Welcker l'a reproduite dans son *Sylloge epigramm.* nº 195, en corrigeant la fin d'après mes indications.

(2) C'étoit sans doute un *temple portatif*, une *châsse* de ce genre, que le *temple d'or* [ὁ χρυσοῦς ναός] qui existoit dans l'*abaton* ou sanctuaire éthiopien dont parlent Diodore de Sicile (III, 6) et Strabon (XVII, p. 1178). M. de Heeren (*Ideen über die Politik*, u. s. w. IV, 417) veut lire ναῦς, au lieu de ναὸς, et voit là un de ces vaisseaux ou bateaux sur lesquels on plaçoit les divinités, sculptés dans les bas-reliefs égyptiens. Cette correction, qu'il faudroit faire en même temps au texte des deux auteurs, n'est pas du tout nécessaire. L'usage de ces temples *portatifs*, souvent *copies en petit* [ἀφιδρύματα] du grand temple, existoit en Grèce comme en Égypte. (Voy. *Interpret. ad Act. Apost.* XIX, 24. — Wessel. *ad Diod. Sic.* XX, 14, &c.) Les prêtres de Memphis, dans l'inscription de Rosette (l. 41), ordonnent que, dans chaque temple, on placera une statue et un *naos d'or* [ναὸν χρυσοῦν) du roi Ptolémée Épiphane.

remonte jusque dans l'antiquité. Il faut en conclure que les Blémyes et les Nubiens, en venant s'établir dans la vallée inférieure du Nil, avoient adopté le culte de la population qu'ils y avoient trouvée.

Cela nous explique pourquoi ces barbares se montrèrent tellement attachés à cet usage, qu'ils en firent la condition unique du traité. Cet usage, en effet, intimement lié à la religion, étoit la garantie du lien qui continuoit d'unir leur culte à celui de l'antique Égypte. On ne s'étonne donc pas de ce que, pour s'assurer la jouissance de ce précieux privilége, ils aient consenti à des sacrifices auxquels ils ne s'étoient jamais soumis auparavant.

Il me semble que de ce seul fait ressort clairement la cause qui empêcha l'édit de Théodose de s'étendre jusqu'au temple d'Isis.

On sait que, pendant toute la durée de la domination romaine jusqu'au temps de Dioclétien, la basse Nubie, un peu au-dessous de la seconde cataracte, fut une annexe de l'Égypte, un de ces points extrêmes qu'on appeloit *collimitium*, ou *συνορία*, formant la transition entre les possessions romaines et les pays barbares. Ce canton étoit gardé par des troupes dont le centre d'action étoit à *Pselcis* [Dekké], si l'on en juge d'après les inscriptions latines et grecques qu'on trouve en cet endroit, et plus haut jusqu'à Méharraga [*Sycaminos*]. Ces troupes servoient à défendre la limite méridionale de l'Égypte contre les incursions des Nubiens. Le fond de la population étoit égyptien, adorant Hermès à Pselcis, le Soleil à Talmis, sous les noms particuliers de *Paotnuphis* et *Mandulis*, Isis et Sérapis à *Sycaminos*, &c. Procope nous apprend que Dioclétien fit retirer à Éléphantine les troupes romaines qui s'étendoient sept journées plus loin, livrant ainsi le reste aux barbares, et s'engageant même à leur payer un tribut annuel en or, pour qu'ils ne fissent point d'incursion en Égypte; tribut qu'on leur payoit encore de son temps : ce qui n'empêchoit pas qu'ils ne ravageassent quelquefois les pays limitrophes[a].

J'ai dit ailleurs[b] que cette mesure fut probablement nécessitée par l'invasion d'un peuple guerrier, les Blémyes, que tous les textes anciens, postérieurs à cette époque, nous représentent comme établis dans la vallée inférieure de la Nubie, près de Syène et des cataractes; ils repoussèrent avec perte les garnisons romaines, et occupèrent le pays. Dioclétien, ne voulant pas perdre contre ces barbares des forces considérables, aima mieux transiger avec eux et acheter la paix plutôt que de défendre sans cesse un canton pauvre, dont la possession n'avoit d'importance qu'en ce qu'elle éloignoit les barbares de l'Égypte.

L'ignorance absolue où nous sommes et du nombre des Blémyes et de l'étendue de leurs ressources nous empêche de savoir jusqu'à quel point il faut accuser Dioclétien de foiblesse en cette occasion. Quoi qu'il en soit, l'état de cette frontière de l'Égypte éprouva par la retraite des Romains un notable changement. Jusque-là Éléphantine et Philes avoient joui de la tranquillité et de la paix, protégées par les garnisons qui s'étendoient trente ou quarante lieues plus au sud : mais alors cette extrémité de l'Égypte eut de dangereux voisins, toujours disposés à rompre le pacte qu'ils avoient fait et à recommencer leurs incursions. Dioclétien, qui connoissoit leurs dispositions

[a] *Procop. Bell. Pers. lib.* XIX, *pag.* 59.

[b] *Ci dessus*, p. 27.

hostiles, prit toutes les mesures possibles pour paralyser eurs attaques.

D'abord il leur opposa de puissans moyens de défense. « Les Blémyes et les Nubiens, dit Procope, sont peu » esclaves de leurs sermens ; la crainte seule des soldats » peut les contraindre à y rester fidèles : aussi Dioclétien » fit fortifier l'île et y laissa garnison » (1). Il faut savoir maintenant qu'autour de Philes on trouve encore les restes d'une muraille de circonvallation qui, jadis, en a défendu tous les points accessibles. Ces vestiges sont principalement considérables sur les côtés sud, est-nord, nord-ouest ; le côté S. O. se trouve protégé par un mur de quai antique qui sert de base à la longue colonnade[a]. On peut inférer du passage de Procope que cette circonvallation appartient à l'époque de Dioclétien. Antérieurement elle n'eût pas été fort nécessaire, puisque les garnisons romaines s'étendoient fort au-delà, et que, du temps des Ptolémées, toutes les limites de ce côté étoient défendues par des corps de troupes qui paroissent avoir été considérables : aussi l'histoire ne fait-elle mention d'aucune incursion des peuples du midi à Syène ou à Philes avant le règne de Dioclétien. Des indices certains confirment cette induction historique. M. Lenormant, qui a examiné cette muraille, l'a trouvée construite avec d'anciens matériaux, parmi lesquels on distingue des pierres chargées d'hiéroglyphes, quelques-unes même de cartouches d'*empereurs*

[a] Plan, n° 2.

(1) Φρούριον ταύτῃ δειμάμενος ἐχύρωσεν. Il ne faut pas entendre ce φρούριον d'une forteresse construite dans l'île : c'est l'île même qui devint ce φρούριον, grâce aux fortifications dont on l'entoura. Ce qui le prouve, c'est que, plus bas, Procope dit que Dioclétien mit dans ce φρούριον des prêtres des deux nations pour y célébrer les rites religieux.

romains : preuve manifeste de l'époque récente de la construction de la muraille. De plus, il existe encore un édifice romain (a) sur le bord N. E. de l'île, regardant le Planche n.° 2. chemin qui vient de Syène. Cette construction, de petite dimension, se compose de deux massifs percés d'une porte au milieu, flanquée de deux plus petites : on l'a appelée *un arc de triomphe;* mais sa comparaison avec d'autres constructions analogues montre que ce n'est rien qu'une porte de ville. Elle est dans l'alignement du mur qui borde cette partie de l'île ; et l'on ne sauroit douter qu'il ne vînt s'appuyer sur cette construction, qui étoit la porte principale par laquelle on entroit à Philes en venant d'Égypte. Le style lourd et maussade de cette porte frappe les voyageurs ; et Lancret, quoiqu'il ne songeât nullement aux rapprochemens qui nous occupent, n'a pu s'empêcher d'y re- *Description de Philes, pag. 55.* connoître le caractère d'une construction du temps de la décadence.

Il résulte de ces observations que cette porte doit être, en effet, de la même époque que l'enceinte, c'est-à-dire, du temps de Dioclétien. On commença par le plus important, l'enceinte de défense, qu'on acheva. Quant à la porte d'entrée, construction de luxe, les troubles de l'empire ne permirent pas de l'achever ; elle resta à moitié faite : mais ce qui en fut bâti suffisoit très-bien pour y placer un corps-de-garde, et loger des soldats dans l'épaisseur des massifs.

Je rapporte encore à la même époque et au même système de défense les ruines considérables d'une forte muraille en briques crues, de quatre mètres d'épaisseur, qui, depuis Syène jusqu'à Philes, longe la route à l'est. D'après sa direction, marquée avec soin sur le plan de

MM. Jomard et Le Gentil, on voit qu'elle venoit se terminer au fleuve, précisément en face de Philes, au point du rivage directement opposé à la porte principale. La liaison de cette muraille avec la fortification de Dioclétien est évidente. Il ne suffisoit pas au plan de cet empereur de fortifier l'île pour la mettre à l'abri d'un coup de main de la part des Blémyes; il falloit encore les empêcher de couper les communications avec Syène et l'Égypte. La grande muraille se coordonnoit sans doute avec des tranchées transversales qui, au dehors, coupoient la portion du chemin laissée libre. Elle avoit donc le double but d'assurer les communications de Philes avec la haute Égypte et d'intercepter la route la plus praticable pour y pénétrer.

Voyez *notre planche n.° I.*

Lancret s'étonne de ce que Strabon, qui a décrit avec un soin particulier et presque minutieux la route de Syène à Philes, n'ait point parlé d'une construction si remarquable. Son silence, en effet, s'il l'avoit vue, auroit de quoi surprendre. Mais comment en auroit-il pu parler, s'il est vrai qu'elle n'existât pas encore? Son silence confirme le fait de l'époque relativement peu ancienne de la construction de cette muraille. Un autre indice le démontre. Une comparaison attentive des briques employées dans les constructions égyptiennes de diverses époques permet à présent de distinguer celles qui appartiennent à l'époque romaine de celles qui sont d'une date plus ancienne : or déjà M. Lenormant, dans un intéressant morceau sur la Nubie, a avancé, indépendamment de toute application aux faits dont je parle, que cette muraille de briques est d'une date fort récente.

A présent leur époque réelle ne doit plus laisser de doute : cette construction tient à la même cause qui a fait construire les fortifications de Philes, c'est-à-dire, à l'abandon que Dioclétien fit de la vallée inférieure de la Nubie; d'où il résultoit que Philes et son voisinage devenoient le boulevart de l'Égypte.

Il me semble que ces rapprochemens, où les textes de Procope et de Priscus sont coordonnés avec l'état et le caractère de toutes ces ruines, présentent un ensemble historique clair et suivi, et que cette partie de l'archéologie de Philes peut être considérée comme expliquée maintenant d'une manière satisfaisante.

Voici un autre exemple de la prudence de Dioclétien, forcé de mettre ainsi à découvert cette partie de l'empire :

En même temps qu'il effrayoit les barbares par ces moyens de défense, il crut devoir les intéresser par la religion au maintien de la paix. On a vu leur grande dévotion au culte d'Isis : Dioclétien en profita. Il reçut leurs prêtres dans le temple de Philes, dont ils célébroient les rites de concert avec les Égyptiens (1). Il pensa que cette communion seroit un autre frein qui les tiendroit en repos; et l'on doit présumer, quoique Procope n'en parle pas, que le voyage périodique des images d'Isis ne fut pas oublié dans les conventions. Pourtant, si nous en croyons cet historien, ils recommençoient de temps en temps leurs incursions; mais il est probable qu'elles étoient causées par

(1) Procop. l. l. Κοινοὺς ἐνταῦθα νεώς τε καὶ βωμοὺς Ῥωμαίοις τε καὶ τούτοις δὴ κατεστήσατο τοῖς βαρβάροις. Ici *Romains* signifie *sujets de l'empire*, par opposition aux barbares, et s'entend des Égyptiens.

les retards qu'éprouvoit le paiement des tributs, retards qui pouvoient tenir à l'impossibilité où, dans les vicissitudes nombreuses de l'empire, les gouverneurs de la Thébaïde se trouvoient de payer la somme avec laquelle on avoit acheté le repos des barbares. Peut-être aussi, quand le christianisme devint dominant, essaya-t-on quelquefois de porter atteinte au culte d'Isis et d'Osiris : mais le voisinage des idolâtres rendoit bien difficile sa suppression, et il fallut toujours renoncer à des tentatives sérieuses contre ces temples révérés. La condition expresse qu'ils mirent à la paix lors du traité de Maximin, en 451, montre assez combien ils tenoient encore au culte d'Isis. On peut croire que la crainte des excès où se seroit porté leur fanatisme fut le seul motif qui détermina des empereurs chrétiens dont le zèle religieux ne sauroit être mis en doute, à suspendre, au moins pour les temples de Philes, l'arrêt de mort lancé en 391 contre les dieux de l'Égypte. Ainsi, quand Maximin consentit à cet *acte d'impiété* dont Tillemont s'étonne et s'indigne, il est vraisemblable que le général romain, malgré la meilleure volonté du monde, ne pouvoit pas faire autrement.

Cet événement se passoit en 451, deux ans avant l'arrivée de Smetchem le protostoliste. Priscus nous apprend qu'après la ratification du traité, Maximin étant mort, les barbares profitèrent du trouble où cet événement jeta les troupes romaines, pour rompre le pacte et reprendre violemment les otages qu'ils avoient livrés. Florus, commandant des forces militaires de l'Égypte, et en même temps duc et augustal ou préfet du pays, accourut contre les barbares, et les contraignit à la paix. Ici l'histoire se

H. Vales. ad Evagr. Histor. eccles. II, 5, p. 293, n.° 2.

tait. On ne sait quelles furent les conditions de cette paix nouvelle, ni quelle en fut la durée : mais on doit penser que Florus vainqueur n'exigea pas une durée moindre que celle qu'avoit imposée Maximin l'année précédente, c'est-à-dire, *cent ans;* et que, de leur côté, les barbares ne renoncèrent pas à la possession périodique des statues d'Isis. Le motif qui jusque là avoit protégé le culte d'Isis et les temples de Philes continua donc de les protéger encore contre les terribles effets de l'édit de Théodose.

Les deux inscriptions de l'an 453, postérieures d'un an à la paix signée par Florus, sont d'ailleurs une preuve irrécusable que ce général n'osa rien entreprendre contre ce culte vénéré, et qu'il laissa tout dans l'état où Maximin l'avoit trouvé et où l'avoit laissé son traité avec les barbares. On voit donc que Marinus étoit bien informé lorsque, dans la Vie de Proclus, écrite après l'an 486, *trente ans plus tard*, il parloit d'*Isis* encore *adorée à Philes*, Ἶσιν τὴν κατὰ τὰς Φίλας ἔτι τιμωμένην. Dans la bouche d'un païen zélé, comme l'étoit Marinus, ce petit mot ἔτι est très-significatif. Il y a là un retour implicite sur cette proscription générale dont la religion païenne étoit l'objet en Égypte depuis près d'un siècle. Marinus semble dire : « En dépit d'une persécution si longue et si cruelle, » cette grande déesse de notre religion opprimée conserve » *encore*, dans le sanctuaire même de son culte, son temple, » ses autels et ses adorateurs. »

Pag. 47 Fabr. — 16 Boisson.

Ce précieux texte de Marinus forme la transition entre celui de Priscus et celui de Procope. Ce dernier nous apprend que les Nubiens et les Blémyes, restés païens jusqu'à son temps, avoient conservé l'usage des temples de Philes, mais que Justinien voulut mettre fin à ce scandale. Par son ordre, Narsès le Persarménien, général des troupes impériales en Égypte, abolit le culte que l'on y célébroit, mit les prêtres en prison, et fit passer à Constantinople les images de leurs dieux. L'historien ne parle de ce fait qu'incidemment; il n'en donne ni la cause, ni même l'époque : mais on verra plus bas qu'il n'a pas pu précéder de beaucoup l'an 560; et cette époque suffit pour nous faire entrevoir ce qui a dû l'amener. C'est en 452 qu'avoit eu lieu la paix signée par Florus, paix qui devoit durer au moins *cent ans*. Entre cette époque et celle de l'événement raconté par Procope, nous trouvons en effet l'intervalle d'un siècle : il est donc à croire qu'il se rattache précisément à l'expiration de cette paix centenaire. Les barbares, satisfaits d'avoir obtenu la jouissance du temple d'Isis, restèrent fidèles au traité qui la leur garantissoit. D'un autre côté, les empereurs respectèrent ce droit, pour ne leur donner aucun prétexte de rompre le pacte qui assuroit la tranquillité de la haute Égypte. Le siècle de paix écoulé, soit que les barbares voulussent obtenir d'autres avantages, soit que Justinien se crût en état de retrancher quelque chose à ceux dont ils jouissoient, la guerre recommença; les armes romaines triomphèrent, et la piété de Justinien saisit l'occasion de renoncer pour jamais à une concession honteuse et d'arracher les dernières racines du paganisme. Le culte d'Isis aboli, toutes ses images, celles surtout que les barbares transportoient périodiquement dans leur pays, furent soustraites à leur superstition et envoyées à Constantinople, pour que ce scandale ne pût jamais renaître.

Telles furent l'époque et l'occasion de la destruction du culte d'Isis.

SECTION II.

INSCRIPTIONS CHRÉTIENNES.

Il est prouvé par l'inscription de Silco, que les Nubiens étoient déjà chrétiens à une époque où les Blémyes restoient encore attachés au culte des idoles. Cette inscription est donc postérieure à l'événement rapporté par Procope, mais toutefois de peu de temps. Les Nubiens ont dû adopter le christianisme peu après l'expédition de Narsès. Quant aux Blémyes, il faut s'attendre à ce qu'ils auront fait quelque tentative pour reconquérir le temple de Philes, dont ils étoient limitrophes, ou du moins à ce qu'on aura craint de semblables représailles, et conséquemment à ce que les chrétiens, une fois maîtres assurés de l'île, auront pris des mesures pour la mettre sur un pied respectable de défense.

C'est ce qui va résulter en effet de l'examen des quatre inscriptions chrétiennes suivantes.

§ Ier. *Texte et Explication.*

A.

✝ ΤΟΥΤΟΤΟΕΡΓΟΝ
ΕΓΕΝΕΤΟΕΠΙΤΟΥ
ΠΑΤΡΟϹΗΜωΝΑΠΑ
ΘΕΟΔωΡΟΥΤΟΥ
ΕΠΙϹΚΟΠΟΥ.

B.

✝ ΚΑΙΤΟΥΤΟΑΓΑΘΟΝ
ΕΡΓΟΝΕΓΕΝΕΤΟ
ΕΠΙΤΟΥΟϹΙωΤΑΤΟΥ
ΠΑΤΡΟϹΗΜωΝΕΠΙϹΚ
ΑΠΑΘΕΟΔωΡΟΥΟΘΟ
ΑΥΤΟΝΔΙΑΦΥΛΑΞΗ
ΕΠΙΜΗΚΙϹΤΟΝΧΡΟΝΟΝ.

C.

✝ Τ..ΤΟΥΔΕCΠΟΤΟΥΗΜωΝΧΡΙCΤΟΥΦΙΛΑΝ
.....ΠΙΑΜΕΤΑCΧΗ.ΤΙCΑΜΕΝΟCΟΘΕΟ
....ΕCΤΑΤΟCΑΠΑΘΕΟΔωΡΟCΕΠΙCΚΟΠΟC
...ΙΕΡωΝΤΟΥΤΟΕΙCΤΟΠΟΝΤΟΥΑΓΙΟΥCΤΕ
ΦΑΝΟΥΕΠΑΓΑΘωΕΝΔΥΝΑΜΕΙΧΡΙCΤΟΥ ✝
ΕΠΙΤΟΥΕΥΛΑΒΕCΤΑΤΟΥΠΟCΙΟΥΔΙΑΚΟΝΟΥ.
ΚΑΙΠΡΟΕCΤωΤΟC ✝

D inédite.

ΤΗΤΟΥΔΕCΠΟΤΟΥΘΥΠΡΟΝΟΙΑΚΑΙΤΥΧΗΤωΝ
ΕΥCΕΒΕCΤΑΤωΝΗΜωΝΔΕCΠΟΤωΝΦλλ.ΙΟΥCΤΙΝΟΥ
ΚΑΙΑΙΛΙΑCCΟΦΙΑCΑΙωΝωΝ (sic) ΑΥΓΟΥCΤωΝΚΑΙΑΥΤΟ
ΚΡΑΤΟΡωΝΚΑΙΤΟΥΘΕΟΦΥΛΑΚΤΟΥΚΑΙCΑΡΟCΤΙΒΕΡΙΟΥ
ΝΕΟΥΚωΝCΤΑΝΤΙΝΟΥΚΑΙΦΙΛΑΝΘΡωΠΙΑΘΕΟΔωΡΟΥΤΟΥ
ΠΑΝΕΥΦΗΜΟΥΔΕΚΟΥΡΙωΝΟCΚΑΙΔΟΥΚΟCΚΑΙΑΥΓΟΥCΤΑΛ
ΟΥΤΗCΘΗΒΑΙωΝΧωΡΑC..ΠΟΛΛΑΝΕΚΤΙCΕΗΤΟΤΕΙΧΟCΤΟΥΤΟ
ΕΥΧΑΙCΤωΝΑΓΙωΝΜΑΡΤΥΡωΝΚΑΙΤΟΥΟCΙωΤΑΤΟΥ ΑΒΒΑ ΘΕΟΔωΡΟΥ
ΕΠΙCΚ. ΕΚCΠΟΥΔΗCΚΑΙΕΠΙΕΙΚΙΑCΜΗΝΑΤΟΥΛΑΜΠΡΟΤΑΤΟΥ ΛΑΡΙΟΥΤΗC
ΔΟΥΚΙΑΝΗC... ΕωC: ΙΜΗΝΙΧΟΙΑΚΪΗ.ΙΝΔΙΚΪΑ: ΕΠΑΓΑΘΘΙΟ (sic) ✝

Je commencerai par les trois qui ont été publiées déjà, d'abord dans l'ouvrage de la Commission d'Égypte, ensuite par M. Gau, et copiées en dernier lieu par M. Lenormant. Elles sont curieuses, principalement à cause de la place où elles ont été mises : circonstance dont nous devons la connoissance exacte à M. Lenormant; car les indications données à ce sujet dans la Description de l'Égypte ne sont pas parfaitement justes (1), et M. Gau n'a point donné d'indications du tout. Il étoit impossible d'apprécier l'importance de ces inscriptions, ou même de les comprendre : aussi ont-elles été jusqu'ici tout-à-fait négligées.

Il faut donc savoir qu'elles sont toutes les trois gravées sur

(1) « Inscriptions grecques chrétiennes, *gravées sur le second pylône.* » (Explication des planches.)

diverses parties du *pronaos* (B) du temple de Philes. Ce *pronaos* fut jadis converti en une église disposée transversalement, de manière que la porte (a) du pylône (A) en formoit l'entrée latérale. Deux des colonnes (b, c) qui flanquent l'un des côtés furent enveloppées d'un massif de maçonnerie pour former les antes de la crypte (d) où se plaçoit l'autel au fond de l'église. Entre ces colonnes, on voit encore, m'a dit M. Lenormant, une stèle égyptienne de granit rose qui a servi d'autel chrétien. Tous les bas-reliefs furent recouverts d'une couche de limon mêlé de paille, revêtue d'un enduit; là où cette couche est tombée, les anciennes sculptures ont reparu aussi fraîches qu'auparavant. Or c'est aux opérations faites par les premiers chrétiens pour sanctifier ces lieux profanes, que se rapportent les trois inscriptions qui vont d'abord nous occuper.

Pl. n.º 3.

Les deux premières, selon les indications de M. Lenormant, sont gravées dans l'intérieur de la porte (e) qui mène du *pronaos* au *naos* (C). L'une (A) est ainsi conçue: Τοῦτο τὸ ἔργον ἐγένετο ἐπὶ τοῦ πατρὸς ἡμῶν ἀπᾶ Θεοδώρου τοῦ ἐπισκόπου. « Cet ouvrage a été fait sous notre père » abbé Théodore l'évêque. » L'autre en face (B): Καὶ τοῦτο ἀγαθὸν ἔργον ἐγένετο ἐπὶ τοῦ ὁσιωτάτου πατρὸς ἡμῶν ἐπισκόπου ἀπᾶ Θεοδώρου· ὁ θεὸς αὐτὸν διαφυλάξῃ ἐπὶ μήκιστον χρόνον (1). « Cette bonne œuvre *aussi* a » été faite sous notre très-saint père évêque abbé (2)

(1) Formule ordinaire; ainsi, ὁ θεὸς ὑμᾶς διαφυλάττοι, ἀδελφοὶ τιμιώτατοι, dans la lettre de Constance aux princes d'Abyssinie (S. Athan. *ad imp. Const.* pag. 316, C).

(2) Dans les monumens chrétiens de l'Égypte, le nom hébreu Ἀββᾶ, *père*, se trouve le plus souvent sous la forme Ἀπᾶ, qui revient à la forme grecque Ἄππα, qui est dans Callimaque (*in Dian.* 6, ubi Spanh.).

» Théodore; que Dieu le conserve le plus long-temps » possible ! »

Ces *bonnes œuvres* dont il est ici question consistent précisément à avoir recouvert d'un enduit les anciennes sculptures, pour faire disparoître les images profanes qu'elles auroient offertes aux fidèles. L'époque des inscriptions est donc évidemment celle où le *pronaos* est devenu une église sous l'abbé évêque Théodore. Cela met hors de doute l'objet de la troisième, qui est la plus longue et la plus importante. Elle se trouve dans l'intérieur de la porte du pylône du *pronaos* (a), tout à côté d'une image de S. Étienne, ἅγιος Στέφανος, qui a remplacé les sculptures égyptiennes. Elle est ainsi conçue :

[τῇ] τοῦ δεσπότου ἡμῶν φιλαν[θρω]πίᾳ μετασχῇ (1) κτισάμενος ὁ θεο[φιλ]έστατος ἀπᾶ Θεόδωρος ἐπίσκοπος [τὸ] ἱερὸν τοῦτο εἰς τόπον ἁγίου Στεφάνου· ἐπ' ἀγαθῷ· ἐν δυνάμει Χριστοῦ †, ἐπὶ τοῦ εὐλαβεστάτου Ποσίου διακόνου καὶ προεστῶτος †.

Qu'il participe à la miséricorde de Notre-Seigneur, le très-chéri de Dieu, abbé (2) Théodore évêque, *ayant construit ce temple* dans un lieu consacré à S. Étienne, pour un bien, avec l'aide du Christ ✠, sous le très-pieux Posias, diacre et préposé.

Les mots κτισάμενος... τὸ ἱερὸν τοῦτο sont distincts dans

(1) On s'attendroit à trouver ici le génitif τῆς φιλανθρωπίας, avec lequel se construit toujours μετέχειν dans le Nouveau Testament : mais la leçon est constante. On rencontre aussi le datif (Fischer, *Animadv. ad Weller.* pag. 322).

(2) Cet évêque étoit peut-être un de ces χωρεπίσκοποι, évêques locaux, *episcopi villani*, *rurales*, soumis à l'évêque principal : ils sont cités pour la première fois dans le concile d'Ancyre de l'an 315 (Fuhrmann, *Handwörterb. der christl. Relig.* I, p. 472, 473). ~~Voyez, sur ce point, une note dans les additions.~~

les copies de MM. Gau et Lenormant; seulement le graveur a écrit un ω pour un O, faute que Smetchem a commise dans l'une des inscriptions précédentes.

D'après cette inscription, l'évêque abbé Théodore, que nous avons vu ci-dessus faire la bonne œuvre [ἀγαθὸν ἔργον] de cacher sous un enduit les peintures égyptiennes, est annoncé comme *ayant construit ce temple;* cela ne peut se rapporter qu'à la construction de l'église chrétienne dans le *pronaos*, à l'entrée duquel l'inscription est gravée. On voit en outre que le lieu avoit déjà été sanctifié, et placé sous l'invocation de S. Étienne, dont la figure est peinte sur le mur à côté. Il est donc certain que ces trois inscriptions sont de l'époque où le christianisme prit possession définitivement du temple de Philes, et que l'évêque abbé Théodore est celui qui présida à toutes les opérations nécessaires pour le changement du *pronaos* en église, et pour que les prêtres pussent habiter décemment dans cet ancien asile de l'idolâtrie.

Posias, διάκονος καὶ προεστώς, figure sans doute ici comme trésorier du collége. C'étoit souvent la fonction des diacres[a]. Dans une inscription chrétienne d'Ancyre[b], on lit: ἐκτίσθη τὸ ἔργον τοῦτο ἐπὶ τοῦ εὐλαβεστάτου διακόνου καὶ οἰκονόμου, formule analogue; seulement οἰκονόμος prend la place de προεστώς. Je présume que ce mot se rapporte à ce que Posias étoit à la tête de l'administration de l'église; le sens en seroit à peu près celui de οἰκονόμος : mais on auroit employé un terme plus relevé, peut-être par suite des prétentions que S. Jérôme reproche assez vivement aux *diacres*. Ceux-ci, en effet, abusoient bien souvent de ce qu'ils étoient les hommes de confiance des évêques, pour

[a] *Origen. in Math. Opp. III, p. 753. — S. Cyprian. Epist. 49. 55.*

[b] *Pocock. inscr. antiq. p. 66, n. 1.*

Epist. 146.

usurper une sorte de suprématie dans les colléges (1); au point que plusieurs conciles crurent nécessaire de les remettre à leur place.

Concil. Nic. c. 18; Laodic. c. 20; Toletan. c. 39.

Je ferai remarquer encore la forme insolite du signe de la croix qui suit le mot προεστῶτος : elle est figurée sur la planche (*n.° 3 f.*). Ce signe ressemble à la *crux ansata* égyptienne, qu'on a eu visiblement l'intention d'imiter. L'imitation est aussi claire dans beaucoup d'autres endroits de l'Égypte et de la Nubie qui ont servi de chapelles ou de tombeaux aux premiers chrétiens, notamment dans les grottes de Béni-hassan; le signe de la croix y a quelquefois l'une de ces deux figures (*pl. n.° 3, g. h.*), qui ressemble parfaitement à certaines formes de croix ansée, selon l'observation de Champollion le jeune.(1) Cette singularité, qui n'existe point hors de l'Égypte, s'explique, je crois, par un passage curieux de Sozomène sur la destruction du temple de Sérapis à Alexandrie; il dit que les chrétiens y virent des *images semblables au signe de la croix*, désignant par-là les *cruces ansatæ* sculptées sur les murs. Cette figure, qu'on ne trouvoit qu'en Égypte, dut en effet frapper de très-bonne heure les chrétiens, et leur persuader que la croix qui couvroit les temples païens étoit une sorte de signe prophétique de la venue du Christ : charmés de trouver un symbole chrétien dans les temples des faux dieux, ils modelèrent sur ce type le signe de la rédemption, que dans les premiers siècles ils figuroient partout, afin de sanctifier tous leurs actes et d'en écarter l'influence du démon; car telle étoit la vertu qu'ils attribuoient à ce signe, d'après le passage de

Journal ms.

Sozom. Histor. ecl. VII, 15, p. 298.

(1) Dans les Constitutions apostoliques (II, 44), les diacres sont appelés ἀκοὴ καὶ ὀφθαλμὸς, καρδία τε καὶ ψυχὴ ἐπισκόπου.

(1) M. Wilkinson a fait la même observation dans un édifice de la Grande Oasis de l'époque chrétienne ... "In the sacred ... the Egyptian emblem of life is here frequently substituted for the cross of their more orthodox successors" (Topogr. of Thebes &c. p. 361, 362

S. Marc[a]. Les éloquentes déclamations de S. Justin[b], d'Eusèbe[c], de Lactance[d], de S. Grégoire de Nazianze[e], de S. Athanase[f], de Prudence[g], &c., sur cette vertu puissante du signe de la croix ou du nom du Christ, expliquent le grand usage que les premiers chrétiens ont fait de ce signe ou du monogramme dans tous leurs actes et sur tous leurs monumens religieux ou funéraires.

D'après ce qui a été dit ci-dessus[h], on doit admettre comme un fait, que ces changemens, ainsi que les inscriptions qui en consacrent le souvenir, ne peuvent appartenir à une époque antérieure au règne de Justinien : or ce qui n'a été avancé que comme une conjecture, est maintenant démontré par la quatrième inscription qu'a rapportée M. Lenormant (D). Celle-ci est gravée sur un mur de quai, au S. E. de l'île, lequel fait partie de la grande muraille construite sous Dioclétien. En voici le texte en caractères courans :

Ci-dessus, pag. 37.

Plan n.° 2 *k*.

Τῇ τοῦ δεσπότου θεοῦ προνοίᾳ, καὶ τύχῃ τῶν εὐσεβεστάτων ἡμῶν δεσποτῶν, Φλαουΐου Ἰουστίνου καὶ Αἰλίας Σοφίας αἰωνίων Αὐγούστων καὶ αὐτοκρατόρων, καὶ τοῦ θεοφυλάκτου Καίσαρος Τιβερίου, νέου Κωνσταντίνου, καὶ φιλανθρωπίᾳ Θεοδώρου τοῦ πανευφήμου δεκουρίωνος καὶ δουκὸς καὶ αὐγουσταλίου τῆς Θηβαίων χώρας .. ἀνεκτίσθη τὸ τεῖχος τοῦτο εὐχαῖς τῶν ἁγίων μαρτύρων, καὶ τοῦ ὁσιωτάτου Ἀββᾶ Θεοδώρου ἐπισκόπου, ἐκ σπουδῆς καὶ ἐπιεικείας Μηνᾶ τοῦ λαμπροτάτου [χαρτου]λαρίου τῆς δουκιανῆς [τάξ]εως· [ἐν] μηνὶ χοϊὰκ ΙΗ, ἰνδικτιῶνος ΙΑ· ἐπ' ἀγαθῷ.

Par la providence du seigneur Dieu, et la fortune de nos très-pieux seigneurs Flavius Justin et Ælia Sophie, toujours augustes et empereurs, et du gardé de Dieu César Tibère, nouveau Constantin,

[a] *XVI, 17.*
[b] *Apol. I, pag. 45, B.*
[c] *Dem. evang. III, p. 133 B, et passim.*
[d] *Div. Instit. IV, 27.*
[e] *Carm. ad Nemes.*
[f] *In Vit. S. Anton.*
[g] *In Apotheosi.*
[h] *Pag. 191, 192.*

et par la bienfaisance de Théodore, le digne de toute louange décurion duc et augustal du pays des Thébains . . . . , a été rebâti ce mur, grâce aux prières des saints martyrs, du très-vénérable abbé Théodore évêque; aux soins et à la bonté de Ménas, très-illustre chartulaire des archives ducales. Du mois de chœak le 18, de la XIe indiction. Pour un bien.

Quelques détails de cette inscription curieuse méritent qu'on s'y arrête un moment. L'époque appartient au règne de l'empereur Justin II, et correspond au 14 décembre 577 de notre ère, la XIe indiction ayant commencé le 1.er septembre de cette année. D'après l'histoire, le César Tibère ne fut déclaré *Auguste* que le 26 septembre de l'année suivante ; ainsi il ne pouvoit porter encore ce titre: l'inscription confirme donc pleinement le témoignage des historiens sur ces divers points de chronologie.

Après les noms de l'empereur Justin, de l'impératrice Sophie, et du César Tibère, vient celui du gouverneur de la Thébaïde, auquel on donne les noms de *décurion*, de *duc* et d'*augustal*, δεκουρίωνος καὶ δουκὸς καὶ αὐγουσταλίου; car la leçon αὐγουστάλου est probablement une faute du graveur. Le titre de δοὺξ est connu; le *dux Thebaïdis* étoit chargé du commandement de la Thébaïde, cette province étant au nombre des provinces frontières. Dans le *Synecdème* d'Hiéroclès, qui date des premiers temps du règne de Justinien, la Thébaïde est divisée en deux parties : l'*inférieure*, sous un *præses* [ἡγεμών]; la *supérieure*, sous un *duc*. Mais Justinien mit les deux Thébaïdes sous les ordres de cet officier, et lui conféra les mêmes honneurs et les mêmes droits qu'au *préfet augustal*, c'est-à-dire, qu'au gouverneur de toute l'Égypte : *quique in eodem honore in quo præfectus augustalis*

Wessel. ad Itin. vet. p. 622.

In Itiner. vet. p. 731.

195

Notes sur Leuké-kômé

Les passages relatifs à l'évacuation de l'Arabie ont été compulsés par Dodwell dans sa dissertation sur le périple de la mer érythrée [scriptores geographiae graeci minores T.I] Dodwell a omis un passage de Jornandès [de regnorum successione] où il est parlé de cette évacuation en termes généraux et sans que l'on ait fait mention de Leuky kômy. Le passage de Jornandès se trouve T.III p. 238 des scriptores historiae romanae latini veteres [illegible] à Heidelberg 1743 fol. Je me suis servi de cette édition pour toutes les citations d'historiens latins que je fais dans mon ouvrage. Dans Cassiodori chronicon [Tom II p. 237] on trouve la relation la plus exacte sur les expéditions de Trajan dans l'Arabie. Des passages très curieux et peu connus sur l'état de l'Axumitide dans la seconde moitié du 3e siècle de J.C. se trouvent dans Vopisci Aurelianus [II p. 407 et p. 409; dans Vopisci Probus p. 419; et dans Vopisci Firmus (passim)

NB. Je n'ai pas encore ici la partie des notes manuscrites de mon histoire de l'Abyssinie où je parle de Leuky kômy de la notice des dignités de l'empire, mais je crois m'avoir servi de l'édition de Bertius [Theatrum geographiae veteris novum T.II fol] ou de celle-ci Notitia dignitatum imperii romani e recensione Philippi Labbei

Bituricis, à Paris 1651, 12. [Je possède la première édition
mais elle est encore en route, ainsi que la plupart de mes autres
livres et papiers. Peut-être lit-on Auara ou Hhavara pour
λευκη κωμη dans la notice; je me rappelle d'avoir tâché de prouver
dans une de notes manuscrites de mon livre, que Auara ou Hhavara
[Auara est l'orthographe d'Etienne de Byzance, Hhavara celui de
la table de Peutinger] sont les noms arabes de λευκη κωμη,
حور [Hebr. חור] voulant dire en Arabe et en Hébreu
être blanc et le miracle qu'Etienne de Byzance raconte d'
Auara étant racontés de λευκη κωμη par d'autres écrivains anciens. Plusieurs
historiens arabes, que j'ai cités dans la note en question, con-
naissent aussi ces miracles.

L. Marcus.

est, tanquam si ipse esset, futurus est. C'est sans doute à cette époque que le *dux* reçut le titre d'*augustalis* qu'il porte dans notre inscription (1), titre jusqu'alors réservé au préfet de toute l'Égypte, et qui le désignoit par *excellence* (2). Le *dux Thebaïdis* avoit sous ses ordres tous les magistrats de la province, et il ne relevoit pas de l'*augustal* d'Alexandrie. Voilà pourquoi le nom de ce dernier ne paroît pas ici. *Edict. XIII, c. 22.*

Un titre plus difficile à expliquer est celui de *décurion.* Ce titre, primitivement militaire, puis *municipal,* avoit fini par désigner le chef de certains services ; dans ce cas, on le faisoit suivre du complément qui indiquoit la nature de ce service. Mais ici que peut signifier le titre absolu de *décurion* donné à un officier d'un rang aussi élevé que celui du *dux* de la Thébaïde ? Je l'ignore. Ne se rapporteroit-il pas aux *dix nomes* dont se composoit jadis cette province, prise dans son ensemble[a], et ne seroit-ce pas une expression de l'étendue de sa juridiction et de son pouvoir ? Pline compte *onze* nomes[b], et, en réunissant les noms qui se trouvent dans Strabon, Pline, Ptolémée, et sur les médailles, on en trouve quatorze[c] ; mais j'ai eu l'occasion de remarquer que, si la division géographique restoit la même, c'est-à-dire, si le nom des nomes demeuroit constant, la division administrative étoit variable, parce que l'on réunissoit souvent plusieurs nomes en un seul, placé

[a] *Strab. XVII, pag. 787.*

[b] *Lib. V, 9.*

[c] *Recherches sur l'Égypte, &c. p. 84.*

Les mêmes, pag. 84 et 269.

(1) Le passage de Théophane (*Homil.* 46, cité par Du Cange), δοὺξ Αἰγύπτου χειροτονεῖται αὐγουστάλιος, se rapporte sans doute à la même époque.

(2) Quoique le *dux* fût ordinairement distinct du préfet de l'Égypte, il arrivoit quelquefois que le même officier étoit investi à-la-fois des deux charges. Ce fut le cas de Florus, sous Marcien (ci-dessus, p. 84). Selon Evagrius et Jornandès (*voy.* Vales. *ad Evagr.* p. 293), il étoit *duc* et *augustal.*

sous le même stratége ou nomarque. Tant que les Romains, jusqu'à Dioclétien, restèrent maîtres de la vallée inférieure de la Nubie, ce canton fut réuni au nomarque d'Ombos, qui avoit sous sa juridiction Syène et Philes. Cela est prouvé au moins jusqu'au règne des Philippes, en 248. Mais, quand la limite de l'empire eut été rapprochée jusqu'à Philes, le nome d'Ombos, devenu fort resserré, put être réuni à ceux d'Hermonthis et de Diospolis, et la Thébaïde fut réduite à dix nomes, comme elle l'avoit été antérieurement. De là, peut-être, le titre de *décurion* donné au *dux Thebaïdis;* ce qui montreroit que la division de la Thébaïde en dix parties existoit encore sous le règne de Justin II.

Ci-dessus, pag. 35.

Sous Constance, S. Athanase ne donne au *dux* que l'épithète de λαμπρότατος ; mais cette épithète, qui avoit fini par répondre au *clarissimus* des Latins, ne suffisoit plus, à ce qu'il paroît, sous Justin II, pour un personnage aussi important que l'*augustal* de la Thébaïde. Ici on lui donne celle de πανεύφημος, que je traduis par *le digne de toute louange*, ou *d'être loué sous tous les rapports.* L'adjectif πανεύφημος est un terme de cette époque, qu'on trouve dans Porphyre [a], S. Nil [b], Hésychius [c], &c.

Contra Arianos, p. 394, A. D.

Après le mot χώρας, il y a une lacune d'environ deux lettres, et les trois lettres ΠΟΑ, dont je ne sais que faire.

Le mur a été rebâti, grâce, nous dit-on, aux prières des martyrs et du très-saint abbé Théodore évêque (1). Voilà encore une fois notre *abbé Théodore évêque,* qui avoit converti le temple de Philes en église, et fait l'œuvre pie de

[a] *Vita Plotin. p. 394, C.*

[b] *Epist. XVIII, pag. 50, B. et CCLXXV, 268, C.*

[c] *Caten. in Psalm. I, p. 750, B. — Cf. Fabric. Bibl. græc. IX, p. 450, Harles.*

(1) Que Théodore fût encore vivant, cela est prouvé par ce titre ὁσιώτατος qui lui est donné dans les autres inscriptions : s'il eût été mort, on l'eût nommé μακάριος ou μακαριώτατος.

cacher ses sculptures païennes sous un enduit : on pourroit objecter, il est vrai, que ce Théodore est peut-être un autre évêque abbé du même nom ; mais la chose seroit peu probable : nous avons vu, d'après le passage de Procope, combiné avec la durée de cent ans qu'a dû avoir la paix signée par Florus en 453, que le changement du temple en église, opéré par notre évêque abbé Théodore, n'a pu avoir lieu que vers la fin du règne de Justinien, c'est-à-dire, une quinzaine d'années seulement, et peut-être moins, avant l'époque ici marquée. L'identité absolue des noms et qualités, et le rapprochement des époques, ne permettent guère de douter qu'il ne s'agisse du même personnage.

Jusqu'ici nous voyons que la construction du mur est due à la providence de Dieu, à la fortune des empereurs, à la bienfaisance de l'augustal, et aux prières des martyrs et de l'évêque ; il reste à dire qui a donné ses soins à cette opération. Cette circonstance se trouve exprimée dans les deux dernières lignes ; mais il y a quelque difficulté : on lit dans la copie, Μηνᾶ τοῦ λαμπροτάτου λαρίου. Le mot ΛΑΡΙΟΥ est inconnu : mais il désigne une fonction. Je ne doute point que ce ne soit la finale du mot ΧΑΡΤΟΥΛΑΡΙΟΥ, soit que le nom ait été écrit en abrégé ΧΛΑΡΙΟΥ, et que le Χ n'ait pas été aperçu par M. Lenormant, soit que le titre λαμπροτάτου ait été, selon l'usage, abrégé en ΛΑΜΠΡΟ, et que la suite ΤΑΤΟΥΛΑΡΙΟΥ soit une faute de copiste, pour ΧΑΡΤΟΥΛΑΡΙΟΥ. M. Lenormant m'a dit n'être pas bien sûr de n'avoir pas fait cette inadvertance, entraîné par le titre si connu de λαμπρότατος. Le nom du *chartularius*, ou *scriniarius* ou *notarius*, dénominations synonymes, doit se trouver ici après celui du duc. La lacune de trois lettres

N

qu'on trouve ensuite, τῆς δουκιανῆς . . . εως, est facile à remplir : c'est, à n'en pas douter, [τάξ] εως. Témoin ce passage : Εὐσ]εϐάτιός τις σκρινιάριος τῆς δουκικῆς ὑπάρχων τάξεως. On sait que ἡ τάξις, comme τὰ τακτικὰ, désigne les *actes publics*, les *commentarii publici*. Ainsi le très-illustre Ménas étoit le *chartulaire des actes publics du duché*, probablement celui qui étoit chargé de leur enregistrement et de leur légalisation. Au lieu de δουκιανὴ, on trouve toujours δουκικὴ; mais les deux mots reviennent au même, et répondent au latin *ducalis*.

Act. manuscr. S. Eustr. apud Cang. p. 1402.

Cang. h. v.

§ II. *Inductions historiques.*

Maintenant il faut se rappeler que l'inscription est gravée dans un endroit du *mur d'enceinte* de l'île : mais on ne pensera pas sans doute qu'elle s'applique à cette seule partie, et qu'elle ne concerne que sa reconstruction. La solennité des formes employées, la providence divine, la fortune de l'empereur, les prières des martyrs et de l'évêque, tout cela annonce plus que la réparation d'un pan de mur. Il s'agit certainement du mur entier; et l'on ne peut douter que cette inscription solennelle ne soit là pour conserver le souvenir de la reconstruction de l'enceinte, qui, pendant la paix de cent ans, n'avoit sans doute été que négligemment réparée, ou ne l'avoit pas été du tout.

La raison qui rendit alors nécessaire une réparation générale ressort d'elle-même. Lorsque l'évêque abbé Théodore eut pris possession du temple d'Isis, et qu'avant de le convertir en église il eut couvert d'un enduit les images profanes sculptées sur ses murs, les Blémyes, aux portes de Philes, restés païens, comme on l'a dit, ne pouvoient voir de sang-froid cette profanation du temple de leur divinité principale. Forcés de céder pour le moment aux armes de Justinien, ils ne purent faire résistance, ni s'opposer au dépouillement du sanctuaire : mais ils devoient conserver le désir de s'en venger tôt ou tard, et les chrétiens de l'île ne pouvoient se le dissimuler; il étoit donc urgent qu'ils prissent toutes les mesures possibles de se garantir, eux et le lieu sanctifié, contre les attaques et les représailles des barbares. Pour cela il falloit absolument mettre les fortifications de Philes en état de défense. Quand ce motif ne ressortiroit pas du simple rapprochement des époques, la teneur même de l'inscription suffiroit pour le démontrer. S'il s'étoit agi seulement d'un ouvrage d'intérêt public, on se seroit contenté de faire intervenir les noms de l'empereur, du préfet et de l'intendant de la province : mais c'est en outre à la providence divine qu'on doit ce grand travail; c'est aux prières des martyrs; c'est enfin à celles du pieux évêque qui avoit fait du temple une église : preuve évidente du vif intérêt religieux qui avoit conseillé cette importante mesure.

Il s'ensuit que cette réparation dut avoir lieu peu de temps après que l'on eut construit une église de S. Étienne dans le *pronaos* du temple : il se peut même que les deux travaux aient marché ensemble; ce qui donne, pour les trois inscriptions chrétiennes gravées dans le temple, une époque très-voisine de l'an 577, date de l'inscription du mur.

C'est d'après cette époque que j'ai cru devoir rapprocher de la fin du règne de Justinien la destruction des idoles dans le temple de Philes; fait que Procope raconte sans en donner la date. On conçoit bien que la métamorphose du temple en église ait pu ne pas suivre immédiatement la destruction du paganisme : les chrétiens ont pu ne pas s'établir dans l'île immédiatement après, et se contenter d'abord d'un modeste abri pour célébrer les saints mystères; mais on ne sauroit pourtant admettre comme très-vraisemblable qu'il se soit écoulé plus d'une vingtaine d'années entre la destruction radicale du culte d'Isis et la construction de l'église dans le *pronaos* du temple. Ainsi, en faisant descendre le premier fait jusqu'à l'an 555 ou 560, je me suis conformé à la plus stricte vraisemblance; d'ailleurs la date étoit implicitement indiquée par la durée d'au moins cent ans qu'a dû avoir la paix signée par Florus en 453.

Les ruines considérables de constructions particulières que l'on trouve dans les environs du temple, et l'époque fort récente à laquelle elles appartiennent, montrent que la population chrétienne se concentra dans cet endroit, et abandonna la partie septentrionale de l'île, où la ville grecque et romaine étoit située.

L'histoire ne dit pas si les attaques des Blémyes idolâtres donnèrent lieu aux chrétiens de Philes de s'applaudir des mesures qu'ils avoient prises; mais il est à présumer que les barbares ne furent pas aussi dangereux qu'on auroit pu le craindre. Ils trouvèrent dans les Nubiens qui avoient embrassé la religion chrétienne, un ennemi redoutable qui les empêcha de s'occuper d'autre chose que de leur propre défense. On voit, dans l'inscription de Silco, qu'ils furent entièrement subjugués par les Nubiens. Placés ainsi entre deux populations chrétiennes, les Blémyes ne purent tarder à embrasser eux-mêmes le christianisme. On a la certitude que presque tous les temples égyptiens, depuis Philes jusqu'à la deuxième cataracte, furent convertis en églises; ce qui n'a pu avoir lieu plus tard que la fin du VIe siècle. J'ai conjecturé que la conversion des Blémyes avoit dû suivre de près la conquête du roi Silco, et en être même un des résultats. Cette conjecture me paroît encore la plus conforme à l'ensemble de tous les faits que j'ai rapportés dans le Mémoire sur l'inscription du roi nubien. *Ci-dessus, pag. 42.*

Avant de terminer ce Mémoire, je dois encore m'arrêter quelques instans sur une autre observation relative à la différence dans l'expression de la date des deux inscriptions païennes et de l'inscription chrétienne de Philes. Les unes sont datées en années de Dioclétien, l'autre en années du cycle des indictions. Il s'agit de trouver la cause de cette différence.

SECTION III.

De l'Ère de Dioclétien.

L'ÈRE de Dioclétien, dont se sont servis les prêtres d'Isis pour fixer l'époque de leurs fonctions, est, comme on sait, l'ère qu'emploient les Coptes et les Abyssins, et à laquelle ils donnent le nom d'*ère des martyrs.*

Il n'y a nulle difficulté sur le point initial de cette ère, et par conséquent sur sa concordance avec l'ère chrétienne. Elle commence avec la première année du règne de Dioclétien, comptée à l'égyptienne, c'est-à-dire, le 29 août de l'an 284 de J. C.

Mais, si son caractère chronologique est parfaitement déterminé, son emploi donne lieu à quelques difficultés historiques qu'on n'a pas encore complétement résolues.

M. Ideler, dans son excellent Manuel de chronologie, se demande « pourquoi les chrétiens avoient fait choix » d'une ère qui datoit de l'avénement au trône de leur » plus cruel persécuteur, d'une ère qui étoit d'ailleurs » *contraire à l'usage dominant en Égypte!* » Cet habile chronologiste répond : « Cela tient probablement à ce que » l'ère de Dioclétien s'est trouvée dans une condition pa- » reille à celle où étoit l'ère chrétienne, qui dut être » adaptée généralement à la table pascale que Denys-le- » Petit y avoit rattachée. Du moins, nous savons avec » certitude que Cyrille avoit rattaché sa table à l'ère de » Dioclétien. Ce n'est pas par hasard que le commence- » ment d'un de nos cycles lunaires de dix-neuf ans tombe » sur l'année 285, la première du règne de Dioclétien, » tellement qu'une simple division des années comptées » à partir de ce point donne le nombre d'or. Par là il » devient vraisemblable que le calcul pascal des Alexan- » drins s'établit sous le règne de ce prince. Nous avons » déjà vu que l'usage de ce calcul a été confirmé, mais » non introduit, par le concile de Nicée. »

Handbuch der techn. Chronol. II, S. 231, 232.

Ces observations judicieuses résument très-clairement ce qu'on sait sur l'usage de cette ère, et font entrevoir ce qu'on ignore.

Que les chrétiens l'aient rattachée au cycle pascal, cela est certain, et par le fait qu'a cité M. Ideler, et par la lettre encyclique de S. Ambroise aux évêques de la province Émilie, où la citation de l'an 89 de Dioclétien est rapportée au calcul de la Pâque. Mais cette ère étoit-elle réellement *contraire à l'usage constant en Égypte!* ou bien

S. Ambros. Opp. tom. II, p. 888, ed. Bened.

fut-elle admise d'abord par les païens, et adoptée ensuite par les chrétiens? Ceux-ci bornèrent-ils son usage au calcul pascal, ou bien fut-elle pour eux une ère usuelle, comme elle l'est encore pour les Coptes et les Abyssins? Voilà les questions auxquelles les chronologistes ne fournissent pas jusqu'ici de réponse certaine, et sur lesquelles la comparaison de monumens récemment découverts répand beaucoup de jour.

On ne peut douter que l'ère de Dioclétien n'ait été employée par les païens : le fait est prouvé par les deux éclipses de l'an 364, que Théon [a] rapporte tout-à-la-fois à l'ère de Nabonassar, d'après l'année vague, et à celle de Dioclétien, d'après l'année fixe; en outre, par son calcul pour le lever de sirius, la 100e année de Dioclétien [b]. On peut y joindre encore l'observation d'Héliodore dans les années 498 et 502, et celle de Thius, des années 475 à 510, également rapportées à cette ère [c]. Ainsi il est certain que chez les astronomes, au moins, elle remplaça l'ère d'Auguste, qui n'avoit jamais servi dans l'usage civil. Si l'on abandonna cette ère pour la remplacer par celle de Dioclétien, il faut, je pense, en chercher la cause dans un intérêt religieux. Cet empereur, après sa victoire sur Achillée, s'occupa sérieusement de l'Égypte : *eâ tamen occasione*, dit Eutrope, *ordinavit providè multa, et disposuit quæ ad nostram ætatem manent.* La reconnoissance pour ces améliorations, le zèle de l'empereur pour le paganisme, et sa haine pour la religion nouvelle, durent naturellement suggérer aux Égyptiens l'idée de prendre son avénement à la couronne pour le point de départ d'une nouvelle ère. Leurs chronologistes et leurs astronomes, abandonnant celle

[a] *Comment. in Ptolem. magn. Constr. VI, pag. 284, 85.*

[b] *Cod. reg. 2390, fol. 154.* — Cf. *Biot, sur l'astronomie égypt. p. 303, 304.*

[c] *Ap. Bulliald. Astronom. Philol. VIII, pag. 326.*

Ideler, ouvrage cité, t. I, p. 156.

Brev. IX, 23

Dans un de ses édits rapporté par Jules auteur du martyre de S. Epime, ~~[illegible]~~ il ordonne à Arminius Gouverneur d'Alexandrie et de l'Egypte, de détruire les églises chrétiennes et de réparer les temples depuis Rhacotis (Alexandrie) jusqu'à Syène (1)

(1) Dans Champollion, Egypte sous les Pharaons, I. p. 164.

d'Auguste, prirent la nouvelle ère, et s'en servirent concurremment avec celle de Nabonassar; ils continuèrent d'appliquer à celle-ci le calendrier vague auquel étoient rapportés tous les calculs antérieurs; et ils attachèrent le calendrier fixe à l'ère de Dioclétien, dont le point initial étoit le 29 août, c'est-à-dire, le commencement même de l'année fixe alexandrine.

Mais ce ne fut pas une ère purement *fictive,* comme celle de Nabonassar et d'Auguste; ce fut une ère *réelle* ou *civile,* qui remplaça, dans l'usage ordinaire, l'emploi des années de règne. C'est ce que prouvent nos trois inscriptions païennes de Philes, où les années sont comptées uniquement d'après l'ère de Dioclétien, tout comme dans les calculs astronomiques de Théon. On peut même présumer que son emploi, depuis que le trône impérial fut occupé par des princes chrétiens, dut plaire d'autant plus aux païens, qu'elle les dispensoit de rappeler le nom de l'empereur régnant.

Jusqu'ici tout s'explique facilement : mais, dira-t-on, les mêmes raisons qui portèrent les païens à prendre pour ère le commencement du règne de leur protecteur devoient éloigner les chrétiens de s'en servir. Pour lever la difficulté, il faut tâcher de savoir quel est l'usage que ceux-ci ont fait d'abord de cette ère.

Qu'elle leur ait servi pour le calcul astronomique et chronologique, c'est ce dont personne ne pourra s'étonner. Toutes les observations des astronomes alexandrins, celles, du moins, qui étoient rapportées au calendrier fixe, furent, depuis Dioclétien, rattachées à la première année de son règne. Les astronomes ou chronologistes chrétiens de cette époque ne pouvoient se dispenser d'appuyer leurs calculs sur les travaux des savans païens, et de prendre pour leurs propres calculs les mêmes points de départ, conséquemment d'établir leur cycle pascal sur le commencement de l'ère nouvelle.

C'est ici que la comparaison de nos inscriptions avec les autres monumens de la même époque acquiert un intérêt historique.

Les monumens, soit inscriptions, soit papyrus, trouvés en Égypte, portant une date, et qui se rapportent au christianisme, sont au nombre de *dix;* du moins je n'en connois pas davantage.

Sur ces dix monumens, il en est quatre dont les dates sont exprimées d'après le cycle des indictions et en années impériales.

Ce sont,

1°. Un papyrus (1) du règne de Constance, du 12 janvier de l'an 355, antérieur d'un an à l'édit de cet empereur qui, jusqu'ici, contenoit la plus ancienne mention connue de ce cycle; *Ideler, Handb. II, S. 352.*

2°. L'inscription de Philes de l'an 577, expliquée ci-dessus (pag. 93);

3°. Un papyrus du musée royal, daté du 14 juillet 599, sous l'empereur Maurice;

4°. Un autre papyrus du musée royal, daté du 13 juin de l'an 616, du règne d'Héraclius : celui-ci est d'autant plus remarquable, qu'il n'est antérieur que de vingt-quatre ans à l'invasion des Arabes.

Trois autres, savoir, une inscription trouvée à Assuan

(1) Publié par le D. Young dans les *Hieroglyphica*, n° 46.

par Burckhardt[a], une seconde trouvée en Nubie par Vidua[b], une troisième qui est dans le musée royal égyptien, ne portent que l'indiction : ainsi il est impossible d'en savoir la date précise.

[a] *Travels in Nubia*, p. 122.

[b] *Inscriptt. antiquæ*, pl. XIX, n° 2.

Mais les quatre monumens datés, qui embrassent l'intervalle des règnes de Constance et d'Héraclius, prouvent que, depuis Constantin jusqu'à l'invasion des Arabes, c'est-à-dire, jusqu'à l'époque où l'Égypte fut enlevée aux empereurs d'Orient, les indictions, employées seules, ou concurremment avec l'année impériale, servirent aux chrétiens, dans l'usage civil, pour marquer les dates des actes officiels et publics ou des transactions particulières. L'ère de Dioclétien ne s'y montre pas (1).

Quel fut donc le rôle de cette ère pendant tout cet intervalle? Le voici : chez les chrétiens, elle ne servoit évidemment qu'au calcul astronomique et pascal: mais, chez les païens, son rôle continua d'être ce qu'il étoit avant que le christianisme fût devenu la religion de l'état, c'est-à-dire, qu'elle fut employée par eux dans l'usage civil et particulier, comme le prouvent les inscriptions païennes de Philes; car ici point d'indictions, point d'années impériales, mais uniquement l'ère de Dioclétien. Cette affectation des prêtres d'Isis d'indiquer trois fois cette ère montre avec quel soin les païens en conservoient l'usage, sans doute comme un précieux souvenir du prince qui les avoit protégés.

(1) Il se peut que, dans les actes publics, les empereurs chrétiens exigeassent des païens l'expression d'une autre date: mais il se peut aussi qu'on leur permît sans restriction l'emploi de leur ère favorite. Cette question, indifférente en elle-même, ne sauroit être résolue que par la découverte de quelque autre monument.

Il est facile à présent de concevoir comment les chrétiens en vinrent à adopter cette ère païenne. Son usage civil, qui ne s'étoit maintenu que chez les païens, dut disparoître nécessairement avec les derniers vestiges du paganisme effacés à Philes par Justinien. Les indictions la remplacèrent tant que l'Égypte chrétienne resta soumise aux empereurs. Lorsque le pays eut passé sous la domination des califes, tout lien avec Constantinople étant rompu, l'usage de nommer les empereurs dans les actes ne pouvoit plus subsister : d'une autre part, le cycle des indictions ne pouvoit être employé seul, parce que cette période de quinze années doit nécessairement être accompagnée d'une autre indication qui donne un point fixe et déterminé. Que l'on conservât les indictions, cela se conçoit ; c'étoit un souvenir de la domination chrétienne, et d'ailleurs ce cycle étoit employé dans les livres qu'on révéroit : mais il falloit le rattacher à une ère quelconque pour pouvoir se reconnoître.

L'ère de Dioclétien, qui depuis long-temps servoit dans le calcul pascal, se présenta naturellement : elle offroit aux chrétiens un moyen simple de continuer la série des temps. Je pense donc que ce fut alors que, pour effacer tout souvenir de son origine païenne, on en changea le nom en l'appelant *l'ère des martyrs*, qui ne lui convenoit nullement. En effet, la persécution de Dioclétien, et le martyre que subirent tant de pieux confesseurs de la foi, n'eurent lieu que dans les dix-neuvième et vingtième années du règne de Dioclétien, selon le témoignage formel d'Eusèbe[a] et d'Orose[b]. C'est donc évidemment à l'an 19, c'est-à-dire, au 29 août de l'an 302, que devroit commencer

[a] *H. E.* VIII, 2.
[b] VII, 25.

l'*ère des martyrs* pour mériter son nom; mais, dans le fait, elle commençoit dix-neuf ans plus tôt, la première année de Dioclétien, pendant laquelle il n'y eut ni persécution ni martyre.

Cette contradiction si grave n'a point encore été expliquée: elle s'explique d'elle-même à présent qu'il doit être bien reconnu que l'ère de Dioclétien a été long-temps d'un usage civil chez les païens, et que le nom d'*ère des martyrs* lui a été donné après coup, pour la sanctifier en quelque sorte par le souvenir du courage héroïque des martyrs que l'empereur avoit fait massacrer. Cette nouvelle dénomination ne devoit pas effacer l'ancienne. Qu'on appelât cette ère du nom de *Dioclétien* ou de celui des *martyrs*, c'étoit toujours au temps de la persécution qu'on en rapportoit l'origine. Ainsi l'on peut être sûr que de très-bonne heure les chrétiens d'Égypte ont confondu quelquefois les deux époques, c'est-à-dire qu'ils ont cru, tantôt que l'année de la persécution étoit la première de Dioclétien, et tantôt que le point initial de l'ère étoit la dix-neuvième de ce prince. Il est à remarquer en effet que la première erreur a été commise par Abou'lfaradge[a], et la seconde par Ignace, patriarche d'Antioche, dans sa lettre à Scaliger[b].

Cette origine de l'ère de Dioclétien, et son emploi civil chez les chrétiens d'Égypte après l'invasion des Arabes, ne sont jusqu'ici que des inductions qui se tirent des quatre monumens cités plus haut, dont le dernier descend jusqu'à l'an 616 : tous sont datés d'après le cycle des indictions.

Pour donner à ce résultat le caractère de la certitude,

[a] *Dynast. pag.* 133. Cf. *Ideler, Handb. I. S.* 162.

[b] *In Emend. temp. p.* 496.

il faudroit maintenant que les monumens chrétiens portant la date de l'ère de Dioclétien ou des martyrs fussent tous postérieurs à la conquête de l'Égypte par les Arabes, qui eut lieu en 640 de notre ère. Or les trois seuls que j'aie pu découvrir présentent en effet ce caractère.

Le premier est une inscription funéraire trouvée par le comte de Vidua entre la deuxième cataracte et Ipsamboul : elle est datée du 4 pharmuthi de l'an 409 des martyrs (ἀπὸ τῶν μαρτύρων) : cette date répond à l'an 694 de notre ère. *Inscript. antiq. tab. XX, n. 1.*

Le deuxième est une autre inscription funéraire du Musée royal égyptien, portant la date du *30 païni de l'indiction VI, et de l'an 423 de Dioclétien* (1) ; ce qui répond au 24 juin de l'an 708 de notre ère.

Le troisième est une inscription du même genre trouvée à Essaboua par M. Gau, datée de l'an 470 ; ce qui revient à l'an 754 ou 755. *Gau, Antiq. de la Nubie, pl. XLIV. D.*

Ainsi les seuls monumens chrétiens que l'on connoisse jusqu'à présent, où l'ère de Dioclétien soit indiquée, sont postérieurs à l'invasion des Arabes, l'un de cinquante-quatre ans, l'autre de soixante-huit ans, et le troisième de cent quatorze ans. Qu'il s'en trouve plus tard qui contrarient ces résultats, cela est possible, mais, je crois, peu probable. En attendant, d'après la comparaison des

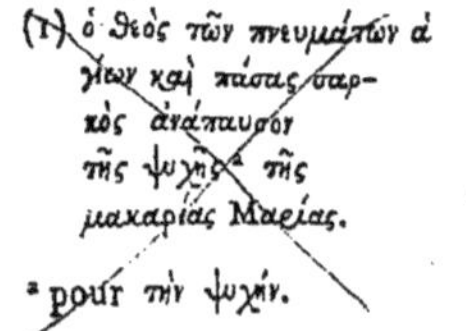
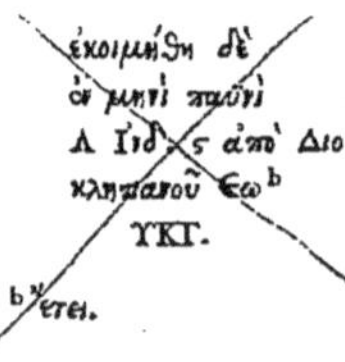

seuls faits connus, on doit admettre que l'ère dite *des martyrs* ne devint d'un usage civil parmi les chrétiens d'Égypte et de Nubie que quand la conquête des Arabes eut rompu les liens qui joignoient ces contrées à Constantinople.

Cette ère remplaça pour les chrétiens l'année des empereurs, dont l'usage ne pouvoit plus subsister après leur domination : elle fut alors employée toute seule, ou bien en concurrence avec le cycle des indictions.

Ce résultat achève de lever, ce me semble, les difficultés historiques que présentoit aux chronologistes le choix que des chrétiens firent d'une ère païenne. A l'aide de la fiction pieuse relative à son point initial, cette ère, bien que rattachée au nom de leur persécuteur, leur rappeloit sans cesse le courage des martyrs qui avoient confessé la foi au milieu des tourmens.

TROISIÈME MÉMOIRE.

L'arien Théophile, dit l'Indien, *a-t-il été réellement envoyé dans l'Inde par l'empereur Constance, dans l'intérêt de sa secte ?*

L'HISTOIRE du christianisme dans les premiers siècles de notre ère contient plusieurs faits qui se lient d'une manière intime avec l'histoire de la géographie : ils peuvent l'éclaircir, ou en recevoir eux-mêmes de la lumière.

Ce sont principalement ceux qui concernent la propagation de la foi dans les contrées reculées du monde alors connu ; par exemple, dans l'Inde en deçà du Gange. On sait toutes les difficultés que présentent et toutes les discussions qu'ont fait naître les missions des apôtres S. Mathieu, S. Barthélemi et S. Thomas dans ce pays éloigné. Les uns les ont admises sans difficulté ; d'autres les ont rejetées, comme n'étant que le résultat d'une équivoque sur le sens du mot *Inde*, perpétuellement employé pour désigner l'Arabie et l'Éthiopie.

Il me semble difficile de ne point partager l'opinion de ces derniers quand on pèse exactement les faits allégués de part et d'autre. Mais il n'entre pas dans mon plan de les soumettre à un nouvel examen; je me borne à discuter un fait du même genre qui se rapporte à l'histoire ecclésiastique du IVe siècle. D'une part, il ne me semble pas avoir été suffisamment éclairci; de l'autre, il se lie à plusieurs points intéressans de la géographie de cette époque.

L'arien Philostorge, dans l'extrait de son Histoire ecclésiastique redigé par Photius, parle d'une ambassade envoyée par l'empereur Constance auprès des Homérites de l'Arabie Heureuse, pour tâcher d'introduire l'arianisme parmi eux.

En tête de ces députés se trouvoit un certain Théophile, que Philostorge appelle *l'Indien*, parce que, né dans l'Inde, il avoit été envoyé très-jeune en otage à Constantin (1) par les *Dibeni*, ses compatriotes, dont le pays étoit une île appelée *Dibus*, qui leur donnoit son nom.

Après son ambassade, Théophile se rendit dans cette île où il étoit né. Il rectifia dans le culte de ses compatriotes des pratiques inconvenantes, comme, par exemple, d'écouter assis la lecture des évangiles; et il confirma la *vraie* doctrine, c'est-à-dire, l'arianisme, qui y étoit établi déjà.

De là il revint chez les Axoumites, auxquels il prêcha l'arianisme, et il retourna auprès de l'empereur à Constantinople.

Telle est la substance du récit de Philostorge donné par Photius : on le retrouve presque sans modification

(1) Ταύτης τῆς πρεσβείας ἐν τοῖς πρώτοις ἦν καὶ Θεόφιλος ὁ Ἰνδὸς, ὃς πάλαι μὲν, Κωνσταντίνου τοῦ πάλαι βασιλεύοντος, ἔτι τὴν ἡλικίαν νεώτατος καθ' ὁμηρείαν πρὸς τῶν Διβηνῶν καλουμένων εἰς Ῥωμαίους ἐστάλη· Διβοῦς γ' ἐστὶν αὐτοῖς ἡ νῆσος χώρα. III, 4.

dans Nicéphore Calliste, qui peut-être n'a eu que Photius sous les yeux. La seule différence essentielle porte sur l'orthographe des noms *Dibus* et *Dibeni*, que Nicéphore appelle *Diabus* et *Diabeni*, deux leçons qui ont à peu près autant d'autorité l'une que l'autre, dans l'hypothèse même où Nicéphore n'auroit connu que Photius : car, comme nous n'avons pas le manuscrit autographe de ce dernier, nous ne pouvons savoir qui, de son copiste ou de Nicéphore, a altéré la leçon originale. Une autre différence consiste en ce que Nicéphore dit que cette *île est grande* [ἐστὶ μεγάλη]; ce que ne dit pas Photius. A la vérité, cette circonstance dérive assez clairement du récit, et c'est même pour cela qu'on a cru qu'il s'agissoit de Ceilan : mais il n'en reste pas moins incertain si la circonstance étoit exprimée dans l'original, ou si elle n'est qu'une addition faite par Nicéphore d'après l'ensemble de la description.

IX, 18, pag. 719 D, 720 C.

Quoi qu'il en soit, d'habiles critiques ont révoqué en doute le fait de l'ambassade et des voyages de Théophile. Baronius l'a jugé à peu près fabuleux[a]. Jacques Godefroy[b] le croit, sinon entièrement faux, du moins rempli de détails controuvés. L'exact Tillemont est encore plus sévère[c] : il pense que Philostorge a inventé toute cette histoire dans son zèle inconsidéré pour l'arianisme, et afin de s'opposer à la gloire de S. Frumentius, l'apôtre de l'Éthiopie.

[a] *Annal. ad ann. 356.*
[b] *Ad Philostorg.*
[c] *Mémoires pour servir à l'hist. ecclésiast. t. VII, p. 289.*

Le principal fondement des doutes que ces critiques ont manifestés est le silence absolu que tous les autres écrivains ecclésiastiques ont gardé sur cette ambassade. Mais, en examinant le récit d'un peu plus près, on y voit bien d'autres raisons d'en suspecter la vérité. Qui croira, par exemple, qu'en 356, moins de trente ans après que l'hérésie d'Arius avoit commencé à se répandre, il y eût déjà des *églises ariennes* dans une contrée quelconque de l'Inde en deçà du Gange ? et qui pourra comprendre qu'un homme *né dans l'Inde* auroit été *envoyé en otage* à l'empereur Constantin ?

Nonobstant ces difficultés et les doutes qu'elles avoient fait naître, plusieurs historiens et critiques ont admis la réalité du fait, sans discussion, tels que Lebeau[a], Fleury[b], tout récemment M. Hohlenberg[c], M. Fuhrmann[d] et M. A. Neander[e]. Cependant ces difficultés sont réelles : il faut au moins les discuter ; car, dans l'état actuel du récit, il est presque impossible qu'une critique un peu sévère consente à l'admettre.

Je pense, quant à moi, que ces difficultés peuvent s'expliquer toutes par une seule hypothèse; c'est que Théophile n'étoit point né dans l'*Inde*, qu'il n'avoit point voyagé dans l'*Inde*, mais qu'ici le mot *Inde* ne désigne qu'un point quelconque des côtes méridionales de la mer Rouge, soit en Afrique, soit en Arabie.

Voilà le point précis de la discussion qui fait l'objet de ce Mémoire.

[a] *Hist. du Bas-Empire, tom. I, 438, ed. de Saint-Martin.*

[b] *Hist. ecclés. t. III, p. 349.*

[c] *De origin. et fat. eccles. chr. Hafn. 1822, p. 99, sq.*

[d] *Handwörterb. der Christl. und Kirchengesch. t. III, pag. 298.*

[e] *Allgem. Gesch. der Christl. Relig. II, p. 165.*

SECTION PREMIÈRE.

La patrie de Théophile n'a pu être dans l'Inde. — Observations sur plusieurs points de la géographie ancienne de cette contrée.

J. Godefroy et H. de Valois ont rapproché les noms *Dibus* et *Dibeni* de celui des *Divi,* peuple de l'Inde dont parle Ammien Marcellin; mais nous verrons plus bas que, malgré la ressemblance des noms, il n'y a aucun rapport entre les peuples. D'une part, J. Godefroy[a], Pagi[b], Tillemont[c], Lebeau[d], Fleury[e], Schrök et d'autres, ont pensé que cette île de *Dibus* devoit être *Diu,* petite île placée à la pointe du Guzarate. Cette conjecture est uniquement fondée sur une simple homonymie : le savant éditeur de Lebeau[f] la rejette comme inadmissible. Il dit avec raison qu'un rocher d'une lieue de long sur un tiers de large, qui n'a jamais été connu que par le siége qu'y ont soutenu les Portugais en 1545, n'a pu être le séjour d'un peuple que le récit de Philostorge nous représente comme ayant été considérable.

[a] *Ad Philost.*
[b] *Ad ann. 354, n. 7-10.*
[c] *Endroit cité.*
[d] *Ibid.*
[e] *Ibid.*
[f] *Ibid.*

Une autre opinion, proposée d'abord par Isaac Vossius et admise par plusieurs critiques, notamment par l'éditeur de Lebeau, consiste à placer les *Dibeni* de Philostorge aux Laquedives ou aux Maldives; mais elle est détruite par cette circonstance, que Philostorge ne parle que d'*une seule île.* Ni l'un ni l'autre de ces deux groupes ne peut avoir rien de commun avec cette île unique.

Ad Mel. pag. 837.
Tom. I; pag. 438.

D'ailleurs, une difficulté d'un autre genre s'y oppose :

les anciens n'ont jamais eu que des notions très-vagues des Maldives, et rien n'annonce qu'ils aient seulement connu l'existence des Laquedives.

Quant aux premières, Ptolémée semble les désigner quand il parle des treize cent soixante-et-dix-huit îles situées en avant de la Taprobane : mais il a complétement ignoré le nom du groupe, qui peut-être n'en avoit pas encore; et il est facile de voir que ce renseignement vague et inexact ne provient pas de gens qui eussent une connoissance personnelle de ces îles. Relativement aux Laquedives, on ne trouve rien qui y ait rapport dans la Géographie de Ptolémée. M. Gossellin remarque que les îles que Ptolémée place autour de la Taprobane ne peuvent être que les petites îles qui environnent Ceilan, et non pas les Laquedives, groupe situé à plus de cent cinquante lieues dans le nord-ouest. Le Périple de la mer Érythrée, rédigé, selon mon opinion, pendant le règne simultané de Septime-Sévère et Caracalla, fait une mention détaillée de tous les lieux de l'Inde où l'on faisoit le commerce : mais il ne dit pas un mot des Laquedives ni des Maldives. Cosmas, qui donne de si précieux détails sur la Taprobane et la côte occidentale de l'Inde, parle vaguement d'îles petites et nombreuses qui environnent la Taprobane [πέριξ αὐτῆς], ayant toutes de l'eau douce, et séparées par des détroits peu profonds; mais on voit que ce marchand ne sait ni le nom ni la position de ces îles, qui ne sont pas *répandues autour de Ceilan*, mais se trouvent réunies en groupe à cent cinquante lieues dans l'ouest. Enfin un autre auteur, qui paroît être du ve ou du vi^e^ siècle, celui du traité des brachmanes attribué à Palladius, ne

Géogr. systém. III, 304.

Ci-dessus, pag. 47.

Topogr. christ. in Coll. nov. Patr. t. II, pag. 336.

connoissoit pas davantage ces îles. Il parle d'un millier d'îles situées en avant de la Taprobane, et qui, d'après cette indication, devroient être les *Maldives;* mais il les confond avec les *Maniolæ,* et leur applique, comme Ptolémée (1), le conte oriental de la pierre d'aimant qui attiroit les clous des vaisseaux. On sait que les *Maniolæ* de Ptolémée ne peuvent être, comme l'ont fait voir d'Anville et Gossellin, que les îles Andamans. Je ne sais si le nom des Laquedives et des Maldives se montre dans la géographie avant le voyage des deux Arabes dont Renaudot a publié la relation.

Pag. 4.

Geograph. VII, 2, p. 178.

A cette occasion, il n'est peut-être pas inutile de dire à quoi tenoit l'ignorance des anciens sur ces deux groupes considérables; car c'est une observation qui me paroît avoir échappé aux géographes. M. Gossellin dit: « On ne » peut guère douter que ces îles, savoir, les Laquedives » et les Maldives, n'aient été rencontrées plusieurs fois par » les navigateurs anciens qui, partant d'Arabie, se ren- » doient à travers l'Océan dans la Limyrice et le golfe » du Gange ». S'il en avoit été ainsi, les anciens les auroient connues; elles seroient indiquées dans leur géographie, dans leurs périples; elles auroient eu place sur leurs cartes. Leur ignorance s'explique précisément par la direction que prenoient leurs vaisseaux. Avant qu'Hippalus eût découvert la mousson du S. O., les vaisseaux, au sortir du golfe arabique, longeoient les côtes d'Arabie, de Carmanie et de Gédrosie, jusqu'à l'embouchure de l'Indus, d'où ils se rendoient, toujours en suivant la côte,

Endroit cité.

(1) Cependant c'est peut-être une des additions qui ont été faites dans cette partie du texte original de Ptolémée (Gossellin, *Rech.* III, 289).

jusqu'à la pointe de la presqu'île. Dans cette navigation, toute de cabotage, les Laquedives et les Maldives leur restoient fort loin au large sur la droite. La découverte de la mousson S. O., qui prit le nom d'*Hippalus*, comme la mer qu'on traversoit avant d'arriver à celle de l'Inde (1), ne put que difficilement donner connoissance de ces deux groupes d'îles; car, à partir du cap Syagrus en Arabie, ou du cap Aromata en Afrique, cette mousson les portoit, soit à l'embouchure de l'Indus, soit dans le golfe de Cambaie, à Barygaza, soit un peu plus bas, dans la partie septentrionale de la Limyrice. Le reste de la navigation se faisoit, comme auparavant, en suivant la côte. Ainsi les Laquedives et les Maldives devoient leur demeurer à peu près inconnues, et ils n'en pouvoient recevoir tout au plus que quelque notion vague des gens du pays.

Plin. VI, 26; Periplus maris Erythræi, pag. 174, ed. Blancard.

Comment expliquer cette ignorance, si elles avoient eu avec l'empire romain des relations telles, qu'elles eussent envoyé à l'empereur des ambassades, des présens et des *otages!* Mais, bien loin de pouvoir y placer une *nation* à cette époque, on n'est pas même sûr que ces îles, qui ont été peuplées par la côte de Malabar, eussent déjà des habitans.

Reste la troisième opinion, celle qui place la *Dibus* ou *Diabus* de Philostorge dans l'île de Ceilan. Cette opinion, proposée aussi par Isaac Vossius [a], a été adoptée par le Dr Vincent [b] et M. Hohlenberg [c]. Elle paroît, au premier abord, la plus vraisemblable de toutes et celle qui satisfait le mieux aux conditions exigées par le texte de

[a] *Ad Melam, 837.*
[b] *Class. Journ. 1813, p. 382. sq.*
[c] *Ouvrage cité, p. 100.*

(1) Selon ma correction, ΊΠΠΑ-ΛΟΣ pour ΊΠΠΑ'ΔΟΣ, dans le passage de Ptolémée (*Journal des Savans,* 1831, pag. 313).

Philostorge; mais elle est détruite par cette considération, que l'historien, deux pages plus loin, parle de la Taprobane qu'il qualifie de *grande île*, située vis-à-vis du continent de l'Inde. De cette désignation si claire et si précise de Ceilan, il résulte qu'il n'a pu avoir en vue cette même île quand il a parlé de *Dibus* et des *Dibeni*, patrie de Théophile.

D'ailleurs il faut toujours en revenir à la circonstance capitale, c'est que Théophile étoit un *Indien envoyé en otage* à l'empereur par ses compatriotes. M. Hohlenberg pense que ce personnage vint en occident à l'occasion de l'ambassade indienne envoyée à Constantin, selon Eusèbe. Mais, en admettant même la réalité de cette ambassade, il faut convenir que rien, dans ce que nous pouvons soupçonner des relations de Ceilan avec l'empire romain à cette époque, ne peut expliquer l'idée d'*otage*, qui suppose guerre, combat, victoire, d'une part, et soumission de l'autre; des relations, en un mot, d'un genre qu'il est historiquement difficile, pour ne pas dire impossible, d'admettre au milieu du IVe siècle. Il suffit, pour s'en convaincre, de se rappeler ce que Sopater, l'ami de Cosmas, qui avoit vu Ceilan deux siècles après, raconte de son entrevue avec le roi de l'île; d'où il résulte que le nom romain y étoit à peine connu.

Ouvrage cité, p. 100.

Cosm. Indicopl. p. 336.

Peut-être ici est-il bon d'observer que beaucoup de doutes légitimes s'élèvent contre la réalité de ces *ambassades* envoyées aux empereurs romains par des *souverains* de l'Inde; du moins il y a plus d'une raison de croire qu'on a quelquefois donné ce nom magnifique, ou à des voyages particuliers, ou à des spéculations mercantiles dont on vouloit assurer le succès.

Ainsi l'ambassade des Indiens à l'empereur Auguste, dont parlent plusieurs historiens, a paru suspecte à plusieurs bons critiques, notamment à M. Mannert[a], ~~et l'on peut être surpris que M. de Heeren[b] (1) l'ait rapportée sans le moindre signe de doute. Cependant~~ Nicolas de Damas, qui avoit vu cette fameuse ambassade, nous en donne une bien pauvre idée. De fait, les *trois* hommes dont elle se composoit, tout nus, à l'exception d'un caleçon; cette lettre grecque qu'ils portoient, de Porus, selon les uns, de Pandion, selon les autres; et ces présens qu'ils avoient à offrir au maître du monde, de la part de leur riche et puissant monarque, lesquels consistoient en un monstre humain, trois longues vipères, un serpent de dix coudées, une tortue de rivière et une perdrix plus grosse qu'un vautour; tout cela ressemble fort à la charlatanerie de quelques jongleurs (2) qui tâchent de vendre cher leurs curiosités (3).

[a] *Geogr. der Gr. und Röm. V, S. 127.*

[b] *Ideen über die Politik, u. s. f. V, S. 364.*

Nicol. Dam. apud Strab. XV, pag. 717.

(1) La note où ce savant historien parle des relations de Ceilan avec l'empire romain laisse quelque chose à désirer sous le rapport de la critique.

(2) C'est ainsi qu'en l'année 166 il vint à la Chine des gens de l'Occident, qui se prétendirent envoyés par Aan-Tun [Marc Aurèle Antonin], roi de Ta-tsin (Gaubil, *Hist. abr. de l'astron. chin.* dans les *Observ. mathém. astronom. &c.* du P. Souciet, t. II, p. 118), et apportant comme présens, les auteurs chinois disent comme *tributs*, des *cornes de rhinocéros, des dents d'éléphant et des écailles de tortue* (Klaproth, *Tabl. hist. de l'Asie*, pag. 69) : singuliers présens de la part d'un empereur romain ! Qu'ils soient venus par mer de l'Occident, cela est certain; mais qu'ils aient été envoyés par Antonin, c'est ce qu'il est bien difficile de croire. Ces ambassadeurs étoient, selon toute apparence, des marchands qui vouloient se donner du relief. Je me figure que les commis voyageurs que Maës Titianus envoyoit jusque chez les Sères (Ptolem. *Geogr.* 1, 11), qui pourroient bien avoir été situés vers les frontières occidentales de la Chine, quoi qu'en ait dit le savant Gossellin, devoient employer quelque moyen analogue pour se donner une importance favorable au succès de leur voyage.

(3) Il paroît que leur jonglerie

Il n'y a peut-être pas d'autre jugement à porter de l'ambassade du roi de Ceilan à l'empereur Claude. Annius Plocamus étoit fermier des droits perçus par les Romains dans la mer Érythrée : un de ses affranchis prétendit avoir été entraîné par les vents (1), et poussé en quinze jours à *Hippuris*, port de la Taprobane. Le roi du pays, apprenant la puissance romaine, envoya des ambassadeurs à l'empereur Claude ; mais les absurdités qu'ils débitèrent sur leur île prouvent clairement qu'ils n'y avoient jamais été. Comment expliquer autrement leur admiration pour la grande ourse et les pléiades, que, disoient-ils, ils ne voyoient pas chez eux, quand il est certain que l'une se voit trente degrés au-delà de Ceilan, et que les autres s'élèvent au zénith de cette île ? Que dire encore de leur surprise de ce que les ombres étoient tournées vers le pôle arctique, quand le même phénomène a lieu à Ceilan pendant sept ou huit mois de l'année ; et de cette autre circonstance, que la lune ne se montre dans la Taprobane que de la huitième à la seizième heure, ou bien encore de ce que de leur pays on voyoit les monts Émodes ; et enfin d'autres détails qui, sans être d'une absurdité aussi choquante, sont ou ridicules ou fabuleux ? Il est à peu près impossible qu'on n'ait pas été dupe à Rome de quelque supercherie : l'affranchi d'Annius Plocamus aura voulu tirer parti de son naufrage ; ayant emmené avec lui quelques naturels du lieu où il avoit débarqué, il les aura investis du caractère d'ambassadeurs, et les aura fait venir de

a eu du succès ; car Suétone (*in Aug.* 21.), Dion Cassius (LIV, 9), Eutrope (VII, 10) et Orose (VI, 21), parlent de cette ambassade comme réelle.

(1) Circonstance bien invraisemblable.

Taprobane, d'où il étoit bien sûr qu'aucune ambassade réelle ne viendroit lui donner un démenti.

Dio Cassius, LVIII, 15. Quant à l'ambassade que Trajan reçut des Indiens, selon Dion Cassius, après l'expédition dans l'Arabie Pétrée, Reimar est disposé à croire que ces députés *indiens* venoient de l'*Arabie méridionale*, comprise alors sous le nom d'*Inde*, comme on le verra plus bas; et cette opinion est assez vraisemblable, d'après l'événement qui précéda et qui semble avoir amené la députation.

Mais il n'y a nul doute à concevoir sur la présentation des brahmanes à Antonin [Héliogabale], puisque Porphyre en avoit puisé le récit dans Bardesane, qui s'entretint avec ces philosophes indiens. *Porphyrius, de Abstin. IV, 17, pag. 356.* Étoient-ils réellement *envoyés* par quelque prince de l'Inde, ou étoient-ce des individus isolés que la curiosité amenoit dans l'Occident? C'est là ce qui reste douteux : mais le fait en lui-même annonce des communications entre les philosophes de l'Inde et l'Occident.

Eusèbe veut prouver que Constantin avoit porté sa domination et la foi chrétienne jusqu'aux extrémités du monde connu, et même aux Indes. Il parle d'une ambassade indienne qui vint assurer cet empereur que sa domination s'étendoit jusqu'à l'Océan oriental, et que les souverains de leur pays *l'honoroient par des portraits peints et lui élevoient des statues, le reconnoissant pour leur empereur et leur roi* (1); choses que des députés venant réellement de l'Inde ne pouvoient ni penser ni dire : mais l'ambassade elle-

(1) Τὴν εἰς αὐτὸν Ὠκεανὸν δηλοῦντες αὐτοῦ κρατῆσαι· καὶ ὡς οἱ τῆς Ἰνδῶν χώρας καθηγεμόνες, εἰκόνων γραφαῖς, ἀνδριάντων τ' αὐτὸν ἀναθήμασι τιμῶντες, αὐτοκράτορα καὶ βασιλέα γνωρίζειν ὡμολόγουν (Euseb. *Vit. Constant.* IV, 50; I, 8).

même peut avoir été réellement envoyée par quelque souverain du nord de l'Inde.

Quant à des députations qui seroient venues de Ceilan, selon Ammien Marcellin, le témoignage de Cosmas, rapporté plus haut, permet d'apprécier à sa juste valeur une flatterie de cet historien à l'égard de son héros, Julien l'Apostat. Dans un récit ampoulé sur l'avénement de ce prince, cet historien raconte que les peuples de l'Orient, apprenant son triomphe, et craignant qu'il ne portât ses armes contre eux, lui envoyèrent à l'envi des ambassadeurs. Il en vint de la part des Arméniens, des peuples au-delà du Tigre, et des nations de l'Inde, *jusqu'aux Dives et Serendives* (1); or ces derniers ne peuvent être que les habitans de *Serendiv* ou Ceilan : toutes ces nations de l'Inde envoyèrent à Julien de riches présens. Ammien Marcellin, selon la remarque de Gibbon, oublie ici deux choses, la longueur de la route, et la brièveté du règne de Julien, qui n'a été que dix-sept mois sur le trône; en sorte que *l'ambassade de Ceilan*, si elle avoit eu lieu réellement, seroit arrivée après sa mort. On remarquera de plus l'expression *ante tempus*, qui sembleroit annoncer, de la part des peuples de l'Inde, des hommages dont l'époque étoit fixée et déterminée. Mais comment concilier ces communications régulières, ces relations *presque de bon voisinage*, entre l'empire romain et Ceilan, où le nom romain étoit à peine parvenu deux cents ans après?

Hist. de la décad. de l'empire romain, t. IV, pag. 437, n. 2.

Au reste, quand on prendroit à la lettre toutes ces ambassades, on n'y trouveroit encore rien qui pût expli-

(1) *Inde nationibus indicis certatim cum donis optimates mittentibus ante tempus, abusque Divis et Serendivis* (Amm. Marcell. XXII, 7).

quer comment un peuple quelconque de l'Inde *auroit envoyé des otages* à un empereur romain : appliqué à l'île de Ceilan, le fait est historiquement impossible.

Or, si la patrie de Théophile n'est ni l'île de Diu, ni les Laquedives, ni les Maldives, ni Ceilan, on ne peut plus trouver dans l'Inde aucun autre point qui lui convienne le moins du monde. Il faut la chercher ailleurs.

Mais, avant d'aller plus loin, je dois insister un moment sur le passage d'Ammien Marcellin, et montrer combien étoit peu fondée l'opinion de ceux qui ont cru que ses *Divi* étoient les *Dibeni* ou *Diabeni* de Philostorge. Cela me donnera l'occasion d'appeler l'attention des géographes sur un fait qu'ils ont peut-être trop négligé.

L'expression d'Ammien Marcellin, *nationibus indicis.... abusque Divis* (1) *et Serendivis,* montre que les *Divi,* dans la pensée de l'historien, étoient un peuple reculé dans l'Inde, moins pourtant que les *Serendivi,* qu'il nomme en second; et comme ceux-ci sont bien certainement les habitans de Ceilan, il s'ensuit que les *Divi* devoient occuper un territoire dans la partie méridionale de la presqu'île.

Cette indication peut servir à expliquer un passage de l'*Expositio totius mundi*, ouvrage écrit primitivement en grec, mais dont nous ne possédons qu'une détestable version latine, faite dans le moyen âge. Cet ouvrage a été publié pour la première fois par J. Godefroy, qui a pris la peine assez inutile de le mettre en grec, et de retraduire sa propre version en latin (2). Il est à peu près aussi

(1) M. Gossellin lit, *abusque Indis et Serendis* (*Rech.* IV, p. 181); mais, après *nationibus indicis,* les mots *abusque Indis* n'auroient point de sens.

(2) Sous le titre de *Vetus orbis, descriptio Græci scriptoris sub Con-*

incohérent que l'anonyme de Ravenne : il contient pourtant quelques notions curieuses et exactes. Comme l'original a été écrit entre les années 346 et 350, les renseignemens qu'il contient ne sont pas indignes de l'attention des géographes. Tel est celui que je crois devoir rapprocher du texte d'Ammien Marcellin.

J. Gothofredi Prolegomena.

L'auteur commence sa revue des peuples par l'Orient, et la continue de proche en proche vers l'Occident, depuis les Sères jusqu'aux Bretons.

Après avoir nommé plusieurs peuples qu'il est assez difficile de reconnoître maintenant, il indique successivement *Diva gens, India major, India minor, India minima* (1), *Persæ, Saraceni*; cette nation *Dive* doit être la même que les *Divi* qu'Ammien Marcellin donne comme une des plus reculées de l'Inde, dans le voisinage de Ceilan. Ce peuple occupoit une étendue de pays considérable, puisque l'auteur dit, dans le latin barbare de son traducteur : *Deinde Diva gens eodem modo reguntur à majoribus, habentes terram mansionum ducentas* (sic) *decem*. Je dois remarquer que la *mansio* est l'unité de mesure dont se sert l'anonyme pour évaluer l'étendue de pays occupée par les peuples au-delà de l'Indus. Il dit, par exemple, que les Sères occupoient 70 mansions; l'*India major*, 210; l'*India minor*, 150; l'*India minima*, 15. Qu'entend-il par le mot *mansio*? je l'ignore. D'après les nombres qu'il indique, ce ne peut être la

IX, pag. 7, ed. Gothofr.

Wessel. ad Itin. vet. p. 550.

stantio et Constante imperatoribus. Genevæ, 1628. — L'ouvrage a été reproduit à la fin des *Varia geographica* de Gronovius, et dans le t. III des *Geographi græci minores*.

(1) Il y a encore là *India minor*; mais il est évident, comme l'observe J. Godefroy, d'après l'opposition des deux mesures, que le grec portoit le superlatif ἐλαχίστη.

ici Lenclé, p. 146.

mesure de 18 ou 20 milles dont il est question dans divers auteurs, ni celle de 30 milles qu'emploie Cosmas. D'ailleurs je viens de faire observer que l'auteur ne s'en sert que pour les contrées au-delà de l'Indus ; ce qui donne lieu de penser que cette *mansio* est quelque mesure itinéraire propre à l'Inde. Il n'est peut-être pas impossible d'en connoître la longueur. En effet, l'*India minima*, qu'il place immédiatement avant les *Perses*, est bien probablement la *Pattalène* ou la *Sinthia* du Périple, c'est-à-dire, le Delta de l'Indus, dont la largeur est d'environ trente lieues. Si cela est, comme l'*India minima* avoit quinze mansions d'étendue, on auroit à peu près deux lieues pour chaque mansion : ce seroit le *josuna*, mesure de 4 coss, et de 8000 mètres, en usage dans l'Inde avant l'invasion des Mahométans. En partant de cette base, on arrive à ce résultat singulier : c'est qu'en réunissant toutes les mesures de l'*India minima*, de l'*India minor*, de l'*India major* et de la *Diva gens*, on obtient, d'une part, la grandeur des côtes de la presqu'île entre l'Indus et le Gange, et, de l'autre, une position, pour la *Diva gens*, qui répond à celle des *Divi* d'Ammien Marcellin, telle qu'elle a été conclue plus haut de son texte seul.

Gossell. Syst. métr. p. 96.

En effet, les 15 mansions de l'*India minima* conviennent fort bien à la largeur de la Pattalène ; les 150 mansions ou 300 lieues de l'*India minor* donnent la mesure de la côte depuis l'embouchure de l'Indus, en suivant les détours du golfe du Sind, du Guzarate et du golfe de Cambaie, jusque vers l'embouchure du Tapti. Depuis ce point, les 210 mansions ou environ 420 lieues de l'*India major* nous conduisent jusqu'au cap Cory, en face de Ceilan ;

et les 210 mansions restant pour la *Diva gens* conduisent jusque vers l'embouchure du Gange. Cette nation se trouve donc placée sur la côte orientale, à partir de Ceilan, position qui concorde avec celle qu'Ammien Marcellin semble avoir donnée à ses *Divi.*

Cette concordance, et l'ensemble des mesures qui viennent d'être analysées, donnent lieu de présumer que nous pourrions bien avoir dans le passage de l'anonyme la division des côtes de la presqu'île de l'Inde, telle que la concevoient les géographes occidentaux de cette époque; et, en même temps, le résumé du périple de ces côtes, évalué en mesures du pays et admis par les navigateurs du temps.

Ils donnoient le nom de *Diva gens*, ou de *Divorum regio*, à la côte orientale depuis Ceilan jusqu'au Gange. Ce n'est pas à dire cependant que toute cette étendue de côte fût habitée par un seul et même peuple : mais ici, comme en mille occasions, les Grecs ont pu étendre à une vaste étendue de pays qu'ils ne connoissoient qu'imparfaitement le nom d'un peuple de cette côte avec lequel ils étoient en relation. Peut-être même est-ce là un de ces ethniques inconnus dans le pays même, et qu'ils fabriquoient en usant ou en abusant de quelque observation locale. J'ai fait à ce sujet une remarque, c'est que l'ethnique *Devi* ou *Divi*, soit seul, soit en composition, se retrouve sur plusieurs points de la côte de Coromandel, depuis Ceilan jusqu'à l'embouchure du Kistnah (1), tandis qu'il n'existe point en deçà du cap Comorin; du moins je n'en ai pas vu un seul sur la carte si détaillée du

(1) Dévipatnam, Dévidan, Dévicotte, Divinelly, la pointe de Divy.

major Rennell. D'où vient cette singularité? Je l'ignore. Elle tient probablement à quelque particularité ethnographique dont j'abandonne la recherche aux indianistes. Je n'en tire d'autre conséquence, sinon que le mot *Divi* se retrouve uniquement dans le pays où deux auteurs du IVe siècle placent une nation *Dive*, dont le nom est peut-être dû à cette circonstance même.

Quoi qu'il en soit de ces divers rapprochemens, auxquels je n'attache pas plus d'importance qu'ils n'en méritent, mais que j'ai cru devoir signaler à l'attention et à la critique, j'ai l'espoir qu'on regardera du moins comme un point établi avec beaucoup de probabilité, que le peuple *Dive* d'Ammien Marcellin et de l'anonyme ne peut être cherché ailleurs que sur la côte S. et S. E. de la presqu'île occidentale de l'Inde; conséquemment, qu'il ne peut avoir rien de commun avec les *Dibeni* ou *Diabeni* de Philostorge, dont il s'agit de chercher la position, puisqu'il est maintenant certain qu'elle n'a pu être sur aucun des points de l'Inde où l'on avoit cru pouvoir la trouver.

SECTION II.

Théophile étoit né en Éthiopie dans une île de la mer Rouge. Liaison de son voyage avec l'histoire de l'Arianisme.

Tout le monde sait l'abus que les anciens ont fait du nom de l'*Inde*, et l'extension arbitraire qu'ils lui ont donnée le plus souvent. Ce nom, qui désignoit spécialement les pays à l'est de l'Indus, étoit aussi appliqué à toutes les régions méridionales de l'Asie, à l'Arabie, et aux côtes éthiopiennes de la mer Rouge. On a déjà souvent relevé les malentendus auxquels ont donné lieu cet abus et cette confusion ; et j'ai déjà eu l'occasion d'en citer de nouveaux exemples et d'en indiquer l'origine. *Ci-dessus, pag. 31 et suiv.*

Cette confusion, dont on aperçoit des traces à l'époque même des Ptolémées (1), et qu'on trouve déjà dans des passages de Tibulle (2) et de Virgile (3), est surtout fréquente dans les auteurs des IIIe, IVe, V^e et VIe siècles. Pour obvier à la confusion qui pouvoit en résulter, on imagina des qualifications particulières : mais ces qualifications elles-mêmes furent confondues entre elles, et de là de nouvelles erreurs.

Ainsi les historiens ecclésiastiques nous montrent que l'Inde éthiopienne et arabe étoit distinguée par les mots ἐνδοτέρω ou ἐνδοτάτω : ainsi οἱ ἐνδοτέρω Ἰνδοὶ, ou ἡ ἐνδοτέρω Ἰνδία ou ἐνδοτάτω. Telles sont les expressions par lesquelles Socrate[a], Sozomène et Philostorge[b] désignent l'Éthiopie et le pays des Homérites. Et ici le mot *intérieure* est relatif à l'empire romain. Or c'est la même expression

[a] *H. E. I, 19.*
[b] *H. E. II, 24.*

(1) Dans deux inscriptions inédites de Philes, copiées par M. Ch. Lenormant.

(2) En parlant des esclaves nègres il dit : ... *quos India torret*, II, 3, 35.

(3) ... *Sola India nigrum Fert ebenum* (*Georg.* II, 117). Voy. Voss sur ce passage, *pag. 305, 306.* Il auroit pu, ainsi que Heyne, rapprocher de ce vers les mots de Lucain, *hebenus mæroetica* (X, 117). Quand Virgile donne à l'ivoire l'épithète d'*indien* (*Æn.* XII, 67), il ne veut pas dire que l'ivoire vint de l'*Inde*. Le mot *indum* est l'équivalent du *libycum* de Properce (*Et valvæ, libyci nobile dentis opus*, II *Eleg.* XXIII, v. 12). L'opinion si habilement soutenue par M. de Schlegel sur l'origine africaine de l'ivoire dont se servoient les Romains, n'éprouve aucune atteinte de l'épithète employée par le poëte (A. W. von Schlegel, *Indische Bibliothek*, I. S. 144).

qu'emploie Cosmas pour désigner l'*autre Inde*. Par exemple, il dit que Taprobane est dans *l'Inde intérieure*, ἐν τῇ ἐσωτέρᾳ Ἰνδίᾳ [a]. Il dit : « Lorsque (après avoir passé le détroit) nous voguions vers *l'Inde intérieure* », ἐπὶ τὴν ἐσωτέραν Ἰνδίαν [b]. Le pays de la soie est placé par lui ἐν τῇ ἐσωτέρᾳ Ἰνδίᾳ [c]; dans le même sens, il emploie les mots τὰ ἐνδότερα. Ici *intérieur* a évidemment un sens opposé à celui que les historiens ecclésiastiques donnent à ce mot.

[a] *Top. christ. p. 178, E.*
[b] *Id. p. 132, D.*
[c] *Pag. 137, D. Cf. pag. 337, B, C.*

Il est impossible que le double sens du mot *Inde* et de l'épithète *intérieure* n'ait pas entraîné une foule de méprises, et qu'on n'ait pas très-souvent transporté à l'une des *deux Indes* ce qui étoit dit de l'autre. J'en donnerai deux exemples frappans.

Socrate et Sozomène racontent le voyage de Métrodore dans l'Inde intérieure sur les côtes d'Éthiopie et d'Arabie, voyage qui fut la cause indirecte de la conversion des peuples de ces contrées au christianisme. Or Théodoret, parlant du même fait, emploie les mots ἡ ἐσχάτη Ἰνδία [d], et Ruffin [e], ceux de *India ulterior*, et tous les deux ont évidemment voulu désigner le *continent de l'Inde* (1) : mais le récit détaillé de Socrate et de Sozomène prouve que l'erreur n'est pas de leur côté; elle provient de ce que Ruffin et Théodoret ont interprété dans l'autre sens le mot *intérieure* de l'original qu'ils avoient sous les yeux. Théodoret a fait la même faute à l'occasion de S. Frumentius. Selon

[d] *Id. 23, p. 54, l. 21.*
[e] *X, 9.*

(1) Le voyage que Cédrénus fait entreprendre à ce Métrodore dans la véritable Inde est uniquement fondé sur cette erreur. Je ne puis y reconnoître le caractère de probabilité qu'y trouve le savant éditeur de Lebeau (*tom. I, pag. 343*).

lui, ce saint personnage ayant envie de visiter la *dernière Inde* [τὴν ἐσχάτην Ἰνδίαν], et ne se laissant pas effrayer par les périls de la grande mer [τοῦ μεγάλου πελάγους καταφρονήσας], alla répandre la lumière de l'évangile dans cette contrée lointaine. Il est clair que Théodoret a voulu parler ici de *l'Inde ;* et cependant c'est un fait démontré, que ce sont les *Abyssins,* et non les *Indiens,* que S. Frumentius a convertis.

Or c'est précisément la même erreur que Philostorge a commise dans le passage qui nous occupe ; comme Théodoret et Ruffin, il a été dupe de la signification équivoque de ce nom géographique. Aussi a-t-il laissé dans son récit une circonstance qui suffiroit à elle seule pour mettre sur la voie de son erreur : je veux parler de la qualité d'*otage* qu'il donne à Théophile. On a vu plus haut la difficulté énorme ou plutôt l'impossibilité historique que présente cette circonstance appliquée à une contrée quelconque de l'Inde. Elle est au contraire on ne peut plus naturelle si on l'applique à un point des côtes de la mer Rouge, mais surtout à la côte d'Éthiopie vers Adulis et Axum.

Les garnisons romaines de la Thébaïde furent souvent en contact avec les peuples de la haute Éthiopie, les Axumites et les Blémyes, qui venoient, on le voit par la seconde inscription d'Adulis, faire des incursions jusque sur les frontières de l'Égypte ; de là, comme je l'ai dit, ces prisonniers axumites qui ornèrent le triomphe d'Aurélien. Les Romains faisoient alliance avec les peuples des côtes de l'Éthiopie et de l'Arabie : ils leur envoyoient des ambassades et en recevoient d'eux. Socrate

Ci-dessus, pag. 30, n. 1.

et Sozomène nous en donnent un exemple à l'occasion du naufrage de Métrodore sous le règne de Constantin. Un rescrit de Constance sur les personnes chargées de messages auprès des peuples de ces contrées montre combien étoient fréquentes ces relations. Nonnose en cite un autre exemple qui se rapporte aux règnes de Justinien et de Justin. Enfin on connoît les ambassades envoyées par Charibael, roi des Homérites, citées dans le Périple de la mer Erythrée.

Cod. Theod. 11, de legat.

Ap. Phot. cod. 111, p. 2, col. a, Bekk.

Pag. 154.

Nous savons d'ailleurs que les Romains entretenoient des vaisseaux de guerre dans la mer Rouge, pour défendre les bâtimens marchands contre les pirates arabes, et pour assurer la perception des droits imposés à certains ports de commerce; le Périple nous a conservé le fait de la punition d'*Arabia Felix*, qui sans doute avoit servi d'asile à ces pirates. Quoi de plus simple qu'une des îles du golfe eût été forcée par les Romains de leur confier quelques-uns de leurs otages comme garantie d'un traité?

Peripl. p. 153.

Id. p. 154.

D'un autre côté, l'erreur seroit bien naturelle de la part de Philostorge, qui saisit toutes les occasions d'exagérer et d'étendre les progrès de l'arianisme, et qui, pour arriver à son but, n'épargne point les réticences. C'est ainsi, pour n'en citer qu'un exemple, qu'il n'auroit pas été fâché de faire croire que les Axumites avoient reçu le christianisme de la main de l'hérésiarque Théophile, tandis qu'il est certain que la contrée fut convertie par l'ami de S. Athanase, S. Frumentius, dont il ne dit pas un mot. Combien de motifs pour croire, après les discussions géographiques qui précèdent, que Philostorge a cédé encore ici à son zèle pour l'arianisme! Jaloux d'étendre jusqu'à l'Inde orien-

Gothofr. ad Philost. p. 59.

Ci-dessus, pag. 25.

tale les conquêtes spirituelles de son Théophile, il se sera laissé abuser par la confusion des deux acceptions du mot *Inde;* et il aura fait naître et voyager son héros dans *l'Inde,* quand il étoit né sur les bords de la mer Rouge et qu'il n'étoit jamais sorti de ce golfe.

Jusqu'ici nous n'avons que des inductions, à la vérité bien fortes : il faudroit maintenant une autorité positive qui mît tout-à-fait à découvert l'erreur de l'historien. Cette autorité est fournie par S. Grégoire de Nysse, qui, tandis que Philostorge désigne Théophile par l'épithète d'*Indien,* lui donne celle de *Blémye* (1); dénomination qui s'étendoit alors aux peuples des côtes occidentales de la mer Rouge, depuis Bérénice jusqu'à Adulis. D'un autre côté, ce Théophile, condamné par les ariens eux-mêmes dans le concile de Constantinople en 358, est désigné par la qualification de *Libyen :* or ces deux épithètes *Blémye* et *Libyen* fixent positivement le sens qu'il faut donner à celle d'*Indien;* elles nous montrent que ce prétendu *Indien* étoit un homme né en *Éthiopie*, et non pas dans *l'Inde.* *Tillemont, tome VII, p. 289.*

Je l'ai déjà dit, la circonstance que Théophile avoit été *livré en otage* s'explique avec autant de facilité dans notre opinion que de difficulté dans l'opinion contraire. J'ajoute maintenant que la mission elle-même confiée par Constance à ce personnage en devient parfaitement vraisemblable. On avoit été surpris à bon droit de ce qu'un homme né dans l'Inde eût été choisi pour prêcher

(1) Γινώσκει τὴν καινοφωνίαν ταύτην καὶ ὁ Βλέμμυς Θεόφιλος, ᾧ συνηθείας τινὸς περὶ τὸν Γάλλον προϋπαρχούσης, ὁ Ἀέτιος εἰς τὰ βασίλεια δι' αὐτοῦ παρεδύετο (Greg. Nyss. I, *contra Eunom.* t. II, p. 294 B.) Philostorge parle aussi des liens d'affection qui unissoient Gallus et Théophile (IV, 1).

l'arianisme chez les Axumites et en Arabie ; mais, s'il étoit né en Éthiopie, Constance ne pouvoit faire un meilleur choix pour la réussite de sa négociation. Un Éthiopien de naissance, envoyé jeune en otage à Constantinople, renvoyé par l'empereur chez ses compatriotes, connoissant probablement les langues éthiopienne et arabe, ayant dans ces contrées des relations de plus d'un genre, possédoit des moyens de succès qu'aucun autre ne pouvoit offrir.

Les critiques qui avoient révoqué en doute cette mission se fondoient principalement sur ce que Philostorge est le seul des historiens ecclésiastiques qui en fasse mention, et sur ce que le but et le résultat que je lui attribue sont en opposition formelle avec le récit de Socrate et de Sozomène relativement à l'apostolat de S. Frumentius. C'étoient là, il faut l'avouer, de puissans motifs de doute. Mais, pour tout expliquer, il suffit de reconnoître que le zèle ardent de Philostorge lui aura fait exagérer l'importance des efforts de Théophile dans l'intérêt de l'arianisme.

La concordance des époques est ici trop frappante pour n'être pas remarquée.

Il est digne d'attention, en effet, qu'une circonstance importante de la fameuse persécution de S. Athanase ait été passée également sous silence par les auteurs ecclésiastiques; je veux parler des démarches actives de Constance auprès des princes d'Axum pour les déterminer à chasser S. Frumentius, l'ami d'Athanase, et à lui refuser asile dans le cas où il viendroit se réfugier chez eux. La preuve unique de ces efforts de l'empereur existe dans

la lettre même adressée par Constance à ces princes, et que nous a conservée S. Athanase (1). On en avoit soup- *Athanas. ad imp. Constant. apolog. p. 316.*
çonné l'authenticité, jusqu'à la découverte de l'inscription d'Axum par Salt. Cette inscription, qui renferme le récit des victoires de l'un des princes axumites et le nom de tous les deux, a dissipé les doutes. Maintenant observons que la mission de Théophile a été placée par les chronologistes entre les années 356 et 360, et que la lettre *Baron. ad ann. 356.*
de Constance est de l'an 356. Ces deux dates se confondent en une seule. L'envoi de la lettre aux princes axumites et la mission de Théophile sont donc deux faits contemporains, et qu'il me paroît impossible de ne pas considérer comme liés l'un avec l'autre. Ainsi l'omission que les historiens ecclésiastiques ont faite de tous deux doit tenir à la même cause, au désir de diminuer l'importance que l'arianisme avoit acquise à cette époque, et, dans tous les cas, elle ne peut être un motif de douter de l'un ni de l'autre.

On doit en conclure que la députation envoyée par Constance avoit un double but : celui d'amener les évêques d'Abyssinie à embrasser l'arianisme, et celui d'introduire cette hérésie, en même temps que le christianisme, chez les peuples du golfe arabique qui étoient demeurés idolâtres.

Ainsi, en écartant l'idée de la véritable *Inde* dans le récit de Philostorge, ce récit devient parfaitement vraisemblable, et se lie très-bien à l'histoire de cette époque; tandis que, dans l'autre cas, il n'offre qu'anomalies et

(1) Ἰδοὺ πάλιν τρίτη τις κατέλαβεν ἀκοὴ ὅτι γέγραπται τοῖς ἐν Αὐξούμει τυράννοις, ὥστε Φρουμέντιον τὸν ἐπίσκοπον τῆς Αὐξούμεως ἐκεῖθεν ἀχθῆναι εἰς τὰ λεγόμενα Κομμηντάρεια τῶν ἐπάρχων παραπέμπεσθαι.

invraisemblances : ce qui avoit frappé même Baronius, dont la critique, en pareille matière, n'est pas ordinairement si scrupuleuse.

SECTION III.

La patrie de Théophile paroît avoir été l'île de Dahlak, dans le golfe d'Adulis.

Tel est l'enchaînement des faits et des inductions qui établissent que Théophile étoit né sur les bords de la mer Rouge. Il seroit à désirer qu'on pût déterminer sur quel point des côtes de cette mer étoit située l'île qui lui avoit donné naissance : mais c'est là ce qu'il est maintenant bien difficile d'établir avec certitude, parce que Philostorge est le seul qui ait parlé de ce personnage, et que rien dans son texte ne peut conduire à une désignation précise.

Cependant, comme cette question subsidiaire peut se circonscrire dans des limites fort étroites, puisqu'il n'y a guère que deux îles qui présentent les conditions nécessaires, je vais compléter la discussion en examinant les motifs qu'il peut y avoir de se décider pour l'une ou pour l'autre.

La première est l'île de *Socotora*, située au large du cap Guardefan, et qui commandoit l'entrée du golfe. M. de Bohlen, dans son ouvrage sur l'Inde, se contente de dire, sans plus de détails, que Théophile étoit né à Socotora; il ajoute que ce missionnaire alla convertir les Axumites dans la compagnie de S. Frumentius. Ceci est une erreur, puisque l'apostolat de S. Frumentius est du règne de

Das alte Indien, II, S. 139.

Constantin, et que la mission de Théophile eut lieu sous Constance. Quant à l'identité de *Dibus* et de Socotora, M. de Bohlen ne s'explique pas davantage; mais il a dû être conduit à son opinion par des raisons analogues à celles que j'ai présentées. J'en dois dire autant de l'éditeur de Lebeau, qui, après avoir placé les *Dibeni* de Philostorge aux Laquedives, s'exprime ainsi, deux pages plus loin, dans une addition faite au texte: « Au rapport de Philostorge, Théophile voyagea ensuite dans une autre île » d'une assez grande étendue; nous la nommons *Socotora.* » Mais cet historien ne parle pas de *deux îles :* celle où il fait voyager Théophile est celle où il l'a fait naître. La contradiction, de la part du savant éditeur, est manifeste; et je la fais remarquer seulement pour montrer que M. de Saint-Martin a été contraint à son insu de rapprocher du golfe arabique le théâtre de l'apostolat de Théophile, afin de donner quelque vraisemblance au récit de Philostorge.

T. I, p. 440.

Je dois ajouter que, sous le rapport historique, l'île de Socotora convient très-bien aux circonstances de ce récit (1). Tous les rapprochemens que j'ai faits plus haut sur la liaison de la mission de Théophile avec l'histoire de l'arianisme, sur l'envoi de cet homme en *otage* à Constantin, s'appliquent à cette île sans beaucoup d'efforts.

(1) Ce qui militeroit en faveur de cette opinion, ce seroit que le nom de *Dioscoridis insula* fût une corruption de *Div Socotora*, conformément à l'opinion de Bochart (*Géograph. sacr.* I, 1, p. 346), admise par M. Gossellin (*Géogr. systém.* III, p. 14), et par M. de Bohlen (*Das alte Indien*, II, S. 139), qui explique le mot par *Dwipa Sukhatara*, en sanscrit *l'île heureuse.* En faveur de cette étymologie, on peut dire que le Périple place des Indiens dans l'île; ce qui s'accorde avec les auteurs arabes, selon lesquels ses premiers habitans furent des Indiens (renseignement

Il suffit de la punition infligée par les Romains à la ville d'*Arabia Felix*, située presque en face, pour s'expliquer comment ils auroient exigé des habitans de l'île des otages, en garantie de la stricte exécution des réglemens commerciaux.

Mais il se présente une objection grave : le nom de *Dioscoridis insula* étant parfaitement connu dans la géographie ancienne, puisqu'il est à-la-fois dans Ptolémée et le Périple, on concevroit difficilement que Philostorge, au IVe siècle, au lieu du nom connu de cette île remarquable, eût donné à cette île le nom inconnu *Dibus* ou *Diabus*. D'ailleurs l'épithète de *Blémye*, que Théophile reçoit de S. Grégoire de Nysse, ne s'expliqueroit pas du tout si le personnage étoit né à Socotora, située à deux cents lieues en dehors du golfe, puisque cette désignation ethnographique de *Blémye* n'est jamais sortie de la mer Rouge, et n'a point dépassé le parallèle d'Adulis et d'Axum.

Cette désignation ne peut réellement s'appliquer d'une manière satisfaisante qu'à un point du golfe arabique près de la côte d'Éthiopie.

Il n'en existe qu'un seul qui convienne exactement à *Dibus*, patrie de Théophile l'*Indien*, le Libyen et le

communiqué par M. de Sacy). Mais on peut objecter que le nom d'*Île heureuse* ne conviendroit pas trop à Socotora, dont ni les anciens ni les modernes ne font une description fort séduisante. D'ailleurs le nom d'*Île de Dioscoride* est entièrement conforme à l'usage des Grecs de donner aux îles et autres points des parages éloignés le nom de ceux qui les ont découverts : aussi leur carte de la mer Érythrée est toute remplie de noms pareils. Le nom de *Dioscoride* est si parfaitement grec, qu'on aime mieux croire que *Socotora* en est la corruption par apocope.

Blémye : c'est l'île de Dahlak, située près de la côte éthiopienne, en avant du golfe d'Adulis ou de Masuah, dans la région souvent désignée par le nom d'*Inde* (1). Cette île, de beaucoup la plus grande de la mer Rouge, est encore fort bien habitée[a], et elle étoit jadis le séjour d'une population nombreuse, comme le prouvent les trois cent soixante-et-dix citernes dont Bruce admiroit la grandeur et la construction[b]. Son nom ancien n'est pas connu avec certitude ; ce qui provient sans doute de l'effroyable désordre qui règne dans cette partie de la carte de Ptolémée. M. Gossellin[c] y voit l'*insula Magorum;* le Dr Vincent[d], l'*Orine* du Périple, ce qui n'est pas plus sûr : mais, dans l'une comme dans l'autre hypothèse, on n'auroit là que des noms grecs, et rien n'empêche d'admettre que Philostorge nous aura conservé le nom usité parmi les indigènes. Or le nom de *Dibus* ou *Diábus* a une physionomie tout arabe ; sa racine est le mot qui signifie *or*, et qu'on retrouve dans plusieurs ethniques, tels que celui des *Debæ*[e], peuple d'Arabie dont parloit Artémidore, en ajoutant cette circonstance, qu'une rivière roulant des paillettes d'or couloit dans leur pays. Cette dénomination conviendroit d'autant mieux à Dahlak, que, selon Cosmas[f], le roi d'Axum faisoit avec l'intérieur du pays un grand commerce en or, dont les débouchés naturels devoient être les comptoirs du golfe d'Adulis. Encore à présent Souaken

[a] *Valentia, Travels, II, p. 22.*

[b] *Travels in Abyssin. I, pag. 350.*

[c] *Rech. II, pag. 211.*

[d] *Periplus of the Erythrean sea, pag. 97.*

[e] *Ap. Strab. XVI, p. 777, 778.*

[f] *II, pag. 139, C, D.*

(1) L'auteur du traité *De brachmanibus* (pag. 3), parlant d'Adulis et d'Axum, dit: ἐν ᾗ ἦν βασιλίσκος μικρὸς τῶν Ἰνδῶν ἐκεῖ καθιζόμενος. Il faut convenir que l'auteur, en se servant de l'expression *petit roitelet*, parle avec un peu d'irrévérence de ce roi d'Axum, qui s'intitule *roi des rois* dans l'inscription, qu'à la vérité il a fait rédiger sous ses yeux.

exporte l'or sous la forme d'anneaux ; et il est à remarquer que la montagne à l'ouest de Souaken porte le nom de *Dyab*, qui rappelle celui des *Dibeni* ou *Diabeni*, lesquels pouvoient habiter non-seulement l'île, mais encore la côte depuis Masuah jusqu'à Souaken.

Seetzen, dans les Annales des voyages, IX, p. 334.

Ceci fournit l'explication d'un passage très-obscur de S. Épiphane. Dans une énumération des contrées du midi, cet auteur met ensemble les noms suivans : Ὁμηρῖτις, Ἀξωμῖτις, Βουγέαν, Λίβαν. Les deux premiers sont *l'Homéritide* et *l'Axumitide*, faisant partie du royaume d'Axum ; le troisième est, à n'en point douter, le pays des *Bougaïtes* [Βουγαεῖται], qui, selon l'inscription d'Axum, étoient également soumis au roi de cette contrée ; il est donc vraisemblable qu'il en sera de même du quatrième. Or, si, au lieu de Λίβαν, dont on ne peut rien faire, on lisoit, par le simple changement du Λ en Δ (1), Δίβαν, on auroit le pays des *Dibeni* de Philostorge, que l'analyse de son texte nous a déjà fait placer près d'Adulis, dans le royaume d'Axum. Ainsi le passage de S. Épiphane nous auroit conservé l'énumération des principales provinces qui composoient ce royaume.

Epiphan. Hæres. Opp. II, p. 703, C.

On voit que l'île de Dahlak, la seule du golfe arabique qui, par sa situation et son étendue, puisse avoir été la patrie de Théophile, réunit d'ailleurs toutes les conditions que la critique la plus sévère peut exiger dans une discussion de ce genre.

Au reste, qu'on place la patrie de Théophile à Dahlak

(1) Il est à remarquer que, dans les manuscrits de Photius, l'île de Διβοῦς est appelée une fois Λιβοῦς, par la même erreur de copie (III, 5, pag. 28, ed. J. Goth.).

ou à Socotora, peu importe au fond. Ce qui importe, c'est de reconnoître que sa patrie n'étoit point dans l'Inde orientale, et qu'elle a dû être située, soit dans la mer Rouge, soit près de cette mer, au voisinage de la côte d'Afrique. Cela suffit pour rendre raison d'un fait historique qu'on avoit voulu rejeter. Maintenant, au lieu d'être à peu près inexplicable, il ne présente plus de difficulté, et il se lie très-bien avec les faits connus. Il a de plus cet avantage, qu'il achève d'établir l'authenticité de la lettre de Constance aux princes d'Axum, conservée par S. Athanase, et la réalité des efforts de cet empereur pour convertir à l'arianisme les rois chrétiens de l'Abyssinie.

ADDITIONS.

PAGE 10. Après un mûr examen, je me range à l'avis de M. Welcker, et je lis δὲ κἀγώ. Les auteurs de ces inscriptions négligent souvent les élisions et les crases.

Voyez *les inscript. de Memnon*, n.os XXXVI et XLII.

P. 15. On pourroit aussi présumer que βασιλίσκος étoit le titre que les Grecs de Constantinople et d'Égypte donnoient à ces rois barbares; et que ceux-ci, malgré leur orgueil, s'en servoient en parlant d'eux-mêmes, ignorant le sens diminutif qui y étoit attaché. On choisira de ces deux explications celle qui conviendra le mieux : elles rendent toutes deux compte de l'emploi qu'ils en ont fait.

P. 43. M. Marcus, dans le *Bulletin de la Société de géographie*, a cru pouvoir soutenir, au moyen de quelques inductions historiques, que l'inscription d'Axum est antérieure à l'ère chrétienne. Il paroît que M. Marcus n'en a jamais examiné le texte avec quelque attention, et qu'il n'a pas jeté les yeux sur le *fac simile* qu'en a donné Salt, autrement il n'auroit pu manquer de reconnoître par les particularités du langage, par les mots latins qui s'y trouvent, et même par la forme seule des caractères, que son opinion est de tout point insoutenable.

P. 45. Rien ne prouve mieux combien il est difficile de déraciner une erreur, que de voir des hommes instruits, savans même, raisonner sur l'inscription d'Adulis rapportée par Cosmas, comme si elle n'en formoit qu'une seule, quand le contraire est à présent démontré avec une évidence irrésistible. Ainsi M. Clinton, par exemple, dans le tome II de ses savans *Fasti hellenici*, se tourmente encore pour expliquer les *vingt-sept ans* de règne que l'inscription donne à Ptolémée Évergète, qui n'en a régné que vingt-cinq; comme si ce nombre faisoit la moindre difficulté, maintenant qu'il est certain que le chiffre s'applique au règne d'un prince abyssinien. N'est-il pas

Tom. II. pag. 382, 383. Oxford, 1830.

singulier que M. de Heeren lui-même se donne la peine inutile de changer le passage ἀπὸ δύσεως μέχρι τῶν τῆς Αἰθιοπίας τόπων, qui est fort clair, en μέχρι [l. μέχρις] ἐσχάτων qui ne vaut rien (au moins faudroit-il τῶν ἐσχάτων), uniquement parce qu'il persiste à rapporter ces paroles à Ptolémée Évergète. Quand cet excellent historien dit que l'opinion de Salt a encore besoin d'être examinée ; il feroit tort véritablement à son *acumen criticum*, si l'on pouvoit croire qu'il a lui-même examiné sérieusement la question (1). Niebuhr ne s'y est pas trompé. Dès 1810, il l'avoit déjà mise hors de doute, dans sa dissertation *Über das Alter der zw. Hälfte der Adul. Inschr.*, imprimée dans le *Museum der Alterthumswissenschaft* (II, S. 599—612), et réimprimée dans ses *Verm. Schriften* (S. 401 *ff.*).

Ideen über die Politik u. s. w. IV, 344.

Je crois que la théorie que je propose dans le texte pour la première inscription, celle de Ptolémée Evergète, répond à toutes les difficultés.

P. 84. D'ailleurs, Maximin n'agissoit peut-être qu'avec l'assentiment de l'empereur. On sait que la cour de Constantinople ne répugnoit pas aux concessions en ce genre, quand elles étoient commandées par son intérêt. Elle ne se faisoit pas même scrupule d'employer des mesures que Machiavel n'auroit pas désavouées. On peut citer en preuve la lettre remarquable (2) qu'Arcadius écrivit

(1) Le Dr Prichard, dans son *Physical History of man* (tom. I, p. 286, 2e édit.), dit de même : *It has been shewn to be extremely probable*, *IF NOT PROVED*, *by Mr Salt, that the inscription is in fact two separate inscriptions ;* mais, du moins, le Dr Prichard, bien qu'un homme très-savant, n'est pas, comme MM. Clinton et de Heeren, *an accomplished scholar.*

(2) La Vie de l'évêque Porphyre de Gaza, écrite par son disciple Marcus, et de laquelle cette lettre est tirée, n'est jusqu'à présent connue que par une version latine fort mauvaise, publiée dans les *Acta Sanctorum* (26 *februar.*), et dans la *Bibliotheca Patrum* de Galland, *t. IX.* L'original existe à la Bibliothéque impériale de Vienne. Je prends le texte grec dans l'ouvrage de M. Neander (*Allgem. Gesch. der christl. Religion*, II, S. 116), qui lui-même le tient du Dr Clausen. Le voici :

Οἶδα ὅτι ἡ πόλις ἐκείνη κατείδωλός ἐστιν, ἀλλ' εὐγνώμων ἐστὶ περὶ τὴν εἰσφορὰν τῶν δημοσίων, πολλὰ συντελοῦσα. Ἐὰν οὖν ἄφνω διασοβῶμεν αὐτοὺς, τῷ φόβῳ τῇ φυγῇ χρήσονται, καὶ ἀπολοῦμεν τοσοῦτον

à Porphyre, évêque de Gaza en Palestine (en 401), relativement à la destruction des temples de cette ville, habitée en grande partie par des païens fanatiques. « Je sais, dit-il, que cette ville est remplie » d'idoles, mais elle est bien disposée à payer les contributions, quoi- » qu'elle soit fort imposée. Si donc nous allions mettre tout-à-coup » le trouble parmi ses habitans, la crainte les obligeroit à fuir, et » nous perdrions les revenus si considérables que nous en tirons; » mais, s'il vous plaît, ne les opprimons qu'en détail, en privant peu- » à-peu les adorateurs des idoles des dignités et des autres fonctions » publiques; ordonnons en outre que leurs temples soient fermés, et » qu'on n'y rende plus d'oracles. Lorsqu'ils seront opprimés, une fois » pressés de toutes parts, ils reconnoîtront la vérité; au contraire, » toute mesure excessive, quand elle est subite, est pénible aux » sujets ». Voilà comme on amenoit des conversions *volontaires!*

D'après cette disposition, l'entrée fut tournée au sud, et l'autel regardoit l'occident: ce qui étoit contraire à l'usage; mais on y dérogeoit quand les circonstances ne permettoient pas de faire autrement, comme à l'église d'Antioche, où l'autel étoit tourné vers l'occident (1). De toute nécessité l'église de Philes devoit être fort irrégulière, car son *pronaos,* où les catéchumènes et les pénitens (2) attendoient le moment de la célébration, au lieu d'être en avant de l'église, se trouvoit sur le côté. La grande cour, en dehors du pylone, servoit pour l'*atrium*, l'*area* (αἴθριον, αὐλή).

κανόνα· ἀλλ', εἰ δοκεῖ, κατὰ μέρος θλίβωμεν αὐτοὺς, περιαιροῦντες τὰς ἀξίας τῶν εἰδωλομανῶν, καὶ τὰ ἄλλα πολιτικὰ ὀφφίκια· καὶ κελεύωμεν τὰ ἱερὰ αὐτῶν κλεισθῆναι καὶ μηκέτι χρηματίζειν. Ἐπὰν γὰρ θλιβῶσιν, εἰς πάντα στενούμενοι ἐπιγινώσκουσι (il faudroit ἐπιγνώσονται) τὴν ἀλήθειαν· τὸ γὰρ ὑπερβολὴν ἔχον αἰφνίδιον, βαρὺ τοῖς ὑπηκόοις.

(1) Socrat. H. E. V. 22. Ἐν Ἀντιοχείᾳ τῆς Συρίας ἡ ἐκκλησία ἀντίστροφον ἔχει τὴν θέσιν· οὐ γὰρ πρὸς ἀνατολὰς τὸ θυσιαστήριον, ἀλλὰ πρὸς δύσιν ὁρᾷ.

Paulin. Nolan. *ep. 32, ad Sever. Prospectus basilicæ non, ut usitatior mos est, orientem spectat.*

Valafrid Strabo, *de rebus eccles.* c. IV. *Non magnoperè curabant illius temporis justi, quam in partem loca converterent. Sed tamen usus frequentior et rationi vicinior habet in orientem orantes converti et pluralitatem maximam ecclesiarum eo tenore constitui.*

(2) Du moins la classe appelée οἱ ἀκροώμενοι.

Semaine (2.)

3/

~~Les 7 planètes, appliquées à cette période ayant les noms des 7 dieux.~~

Mais le 1er siècle du christianisme, la semaine et le sabbath, connus, (non pratiqués) dans l'emp. romain. Le Sabbatisme, dans les auteurs latins. Tricesima sabbata (Hor. Serm. I. 9. 69); fête de la nouv. lune aux Juifs, qui avait lieu le 30 dans les mois pleins. ainsi, Ovide, Tibulle, Perse et Juvenal. — On tirait même des présages de ce jour — c'était aussi un jour férié. Josèphe (C. Ap. II, 39) : il n'y a pas une "seule ville grecque ou non grecque où "l'usage de notre sabbath ne se soit "établi".

Sans doute l'astronomie planétaire, excepte de cela.

Car on voit que le sabbath, était déjà attribué au jour de Saturne, dans Jules Frontin, S. Justin Martyr.

Tibulle. — NB.

(3e Siècle)

Dion Cassius, le 1er auteur qui réunisse les 7 dénominations tout à la fois, mais y avaient lieu sans doute.

Parlant du 7e jour hébreu, jour de Saturne, il parle des 7 jours, à ces termes.

Ordre des planètes =

5 partout.

Ordre

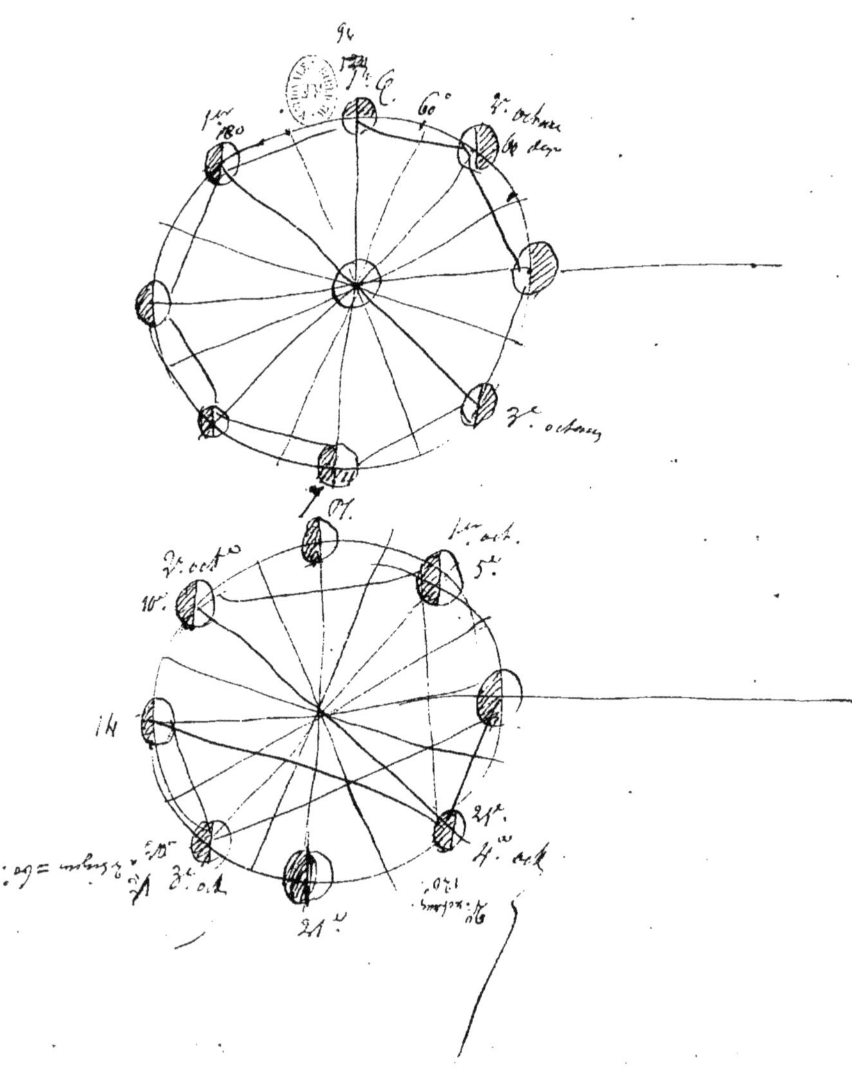
60°
60 deg
3e. octave
1er
180
2e. oct.
10e
1er. oct.
5e
14
21e
4e. oct.
3e. oct.
21e

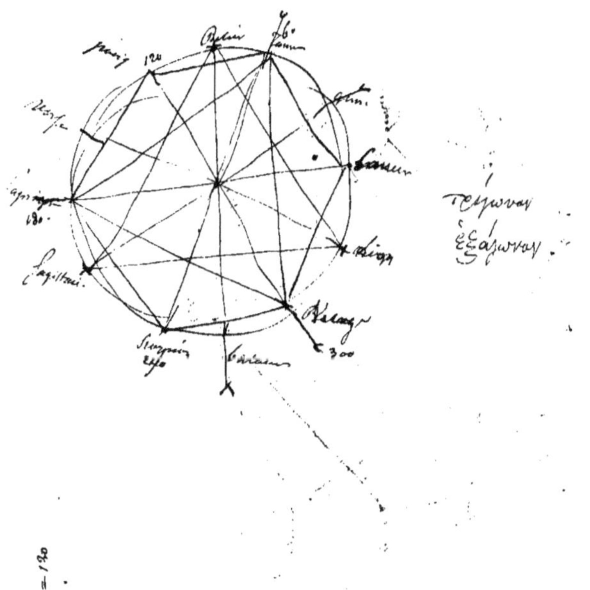

120
180
240
300
τρίγωνον
ἑξάγωνον

P. 90, n° 2. L'hypothèse que l'évêque de Philes étoit un *chorépiscope*, me semble appuyée par le fait que jamais un évêque de Philes ne paroît dans aucun des conciles d'Orient. Je ne vois qu'un seul exemple : mais il me paroît bien suspect.

S. Athanase, à la fin de sa lettre aux habitans d'Antioche[a], relative au concile d'Alexandrie, en 362, rappelle les noms des évêques qui ont souscrit sa lettre; dans le nombre se trouve Marcus *évêque de Philes*, Μάρκος Φιλῶν. Mais :

1° Puisque le paganisme étoit encore en possession du grand temple de Philes un siècle après, en 453, et qu'il ne fut expulsé de l'île que cent ans plus tard, en 560; puisqu'aucun autre édifice païen de l'île ne fut converti en église, on ne peut admettre qu'en 362 Philes eût déjà un *évêque*. Cette île *si petite* pouvoit-elle être un *siége épiscopal* deux cents ans avant que le paganisme n'y fût étouffé !

2° Il est à remarquer que tous les évêques signataires de la lettre appartiennent à la Libye inférieure et à la basse Égypte. En effet, ce sont ceux de Parætonium, de Phragonis et d'une partie de l'Héléarchie, de Pachnémunis et du reste de l'Héléarchie, de Schédia et du Ménélaïte, d'Hermopolis *parva*, d'Onuphis, de Tanis, de Zygra, d'Athribis, d'Arsinoë ou Cléopatris[b], de Saïs, d'Andro, d'Antiphræ. Tous ces lieux, *sans exception*, appartiennent à la Libye ou au Delta : il n'en est pas un seul de l'Égypte moyenne ni de la Thébaïde. N'est-il pas tout-à-fait extraordinaire de voir paroître là l'évêque de Philes, le point le plus reculé de la haute Égypte !

Je ne doute donc pas qu'il n'y ait erreur dans le mot ΦΙΛΩΝ, et qu'il ne faille lire ΣΙΛΩΝ, nom d'une ville de la basse Égypte, à vingt-quatre milles de Péluse[c], dont l'évêque Alypius est cité dans les actes du premier concile d'Éphèse. L'évêque de *Sile* ou *Siles* figurera d'une manière très-naturelle parmi ceux des autres villes de la *basse Égypte*. On peut objecter que le nom de *Sile* n'est qu'au singulier dans les textes où il en est fait mention; mais ce n'est pas là une difficulté, puisque S. Athanase met au pluriel (Ζύγρων τῆς ἔγγιστα Λιβύης) un nom qui est au singulier dans Ptolémée (Ζυγρίς), et dans le Synecdême d'Hiéroclès[d] (Ζωγρόν, car c'est ainsi qu'il faut lire); ainsi, la ville de Ζάγυλις (et non Ζαγύλης), dans ce même Hiéroclès et

[a] *Opp. t. I, pag. 776, C.*

[b] Cf. *Le Quien, Or. Chr. II, 528.*

[c] *Itiner. Anton. p. 171.*

[d] *Pag. 733.*

ailleurs[a], est appelée Ζαγύλεις (au génitif Ζαγυλέων) dans les actes du concile de Chalcédoine). C'est le pluriel CΙΛΩΝ qui aura mené quelque copiste à la leçon plus connue ΦΙΛΩΝ.

Cette correction bien simple de ΦΙΛΩΝ en CΙΛΩΝ fait disparoître toutes les graves difficultés qui résultent de la leçon vulgaire.

P. 111. Les traditions sur les missions des premiers apôtres dans l'Inde ont été examinées avec autant d'érudition que d'impartialité par M. Thilo, dans son Commentaire sur les *Acta S. Thomæ apostoli;* (*Pag. 97, sq.*) et le résultat de cet examen est un jugement à-peu-près conforme à celui qu'on trouve à cet endroit de mon Mémoire.

P. 125. L'*Expositio totius mundi* vient d'être réimprimé par le savant et infatigable Mai, dans le tome III de ses *Classici auctores è Vaticanis codicibus editi.* (*Rom. 1831, p. 387 – 409.*) Le texte qu'il a donné, d'après un manuscrit du monastère des Bénédictins de la Cava près Salerne, est plus complet que celui de Juret, imprimé par J. Godefroy; le commencement de l'ouvrage s'y trouve, tandis que le manuscrit de Godefroy est acéphale. Le latin, infiniment meilleur, a été écrit d'après le même *texte grec original,* mais par une main bien plus exercée, et probablement à une époque plus ancienne. Le texte grec *n'existe plus,* ou du moins il n'a point encore été retrouvé. Celui que Godefroy a mis en regard du latin a été *refait* par lui, d'après la version. Il en prévient dans sa Préface : *Nam quia interpres verbum verbo curavit reddere, græcanicâ etiam ubique constructione servatâ. . . facile fuit græca saltem mediocria ex latinis facere non bonis.* On peut donc être surpris de ce que M. Mai ait pris ce *thême grec* de la façon de Godefroy pour le *texte original* de l'ouvrage; (*P. 390, n. 1.*) (*hinc incipit,* dit-il, *græcus latinusque textus à Gothofredo editus; græcus quidem, ut videtur,* ORIGINALIS*; latina autem interpretatio tam barbara, tam corrupta,* &c.); en conséquence de cette opinion, il en a cité les leçons diverses au bas des pages, comme des variantes utiles. Si je relève cette inadvertance, c'est uniquement parce que, d'après une autorité aussi grande, on pourroit croire que j'ai fait une erreur quand j'ai dit : *Godefroy . . . . . qui a pris la peine assez inutile de le* METTRE EN GREC, &c.

---

[a] *Lamb. Bibl. Vind. lib. VIII, pag. 423.*

TABLE.

PREMIER MÉMOIRE.

SECOND MÉMOIRE.

TROISIÈME MÉMOIRE.

FIN DE LA TABLE.

ERRATA.

Pag. 30 : Souakem, *lisez* : Souaken.

Pag. 41 : supprimez le § Ier.

Pag. 44 : § II, *lisez* : § I.

Pag. 52 : § III, *lisez* : § II.

Page 56 : l'an 753, *lisez* : 754.

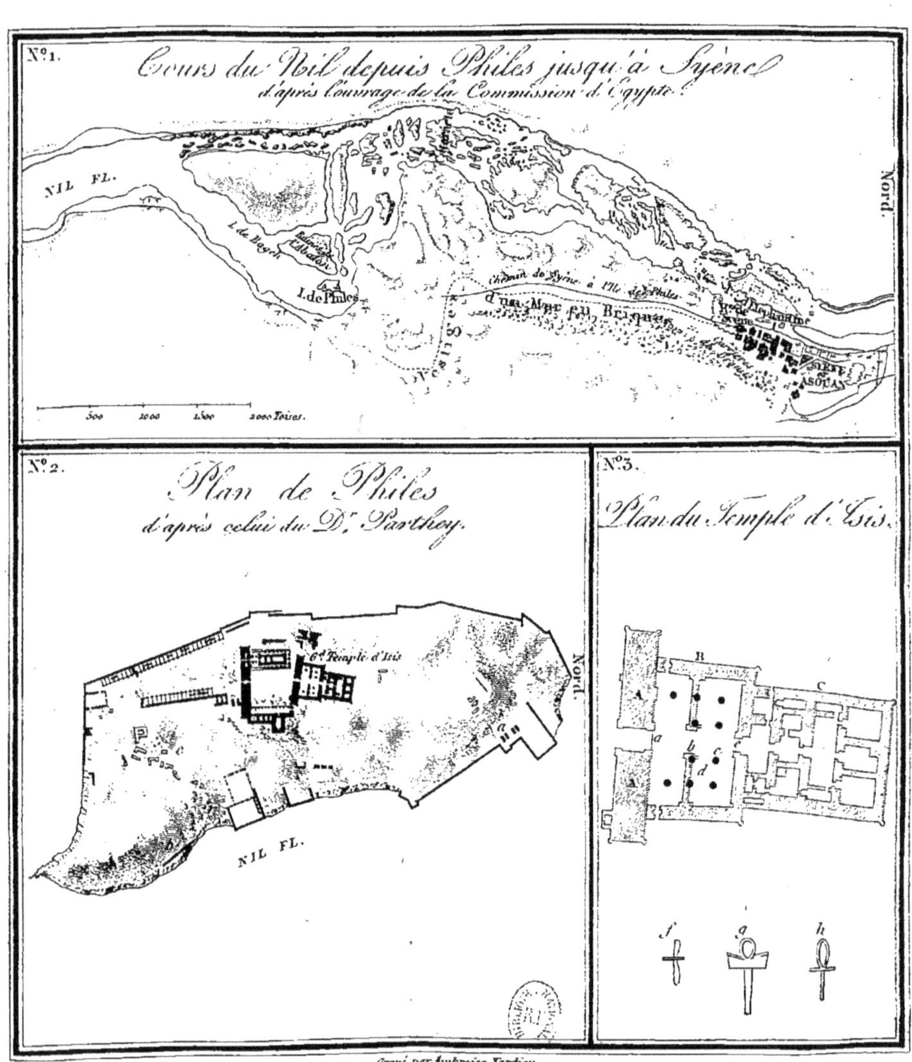

Gravé par Ambroise Tardieu.

www.ingramcontent.com/pod-product-compliance
Lightning Source LLC
Chambersburg PA
CBHW050000100426
42739CB00011B/2449
* 9 7 8 2 0 1 3 7 5 5 1 2 2 *